你在煩惱什麼呢？

大學諮商心理師給你的陪伴之書，
關於成長的疼痛與焦慮

諮商心理師
李家雯（海蒂）

閱讀須知

為了保護個案隱私，這本書中所有個案的姓名、外型、特質、學校特色……都做了大量改寫、濃縮、變化、調整。因此，你不會在書裡讀到任何一個你認識的人，因為他們並不存在。即便如此，你依然可能覺得這些人似曾相似，可能像你、像我、又像某個認識的他或她。他們雖不實際存在，但所有心路歷程、生命故事、那些關於成長的煩惱與焦慮，都是如此真實地存在我們身旁的每個角落……

CONTENT

前言

Part I

#課業——念書成了全部，人生竟成廢物？

Part II

#人際——交朋友與談戀愛，解鎖你的內建技能

Part III

#原生家庭——脫掉「乖孩子外衣」，放飛被束縛的心

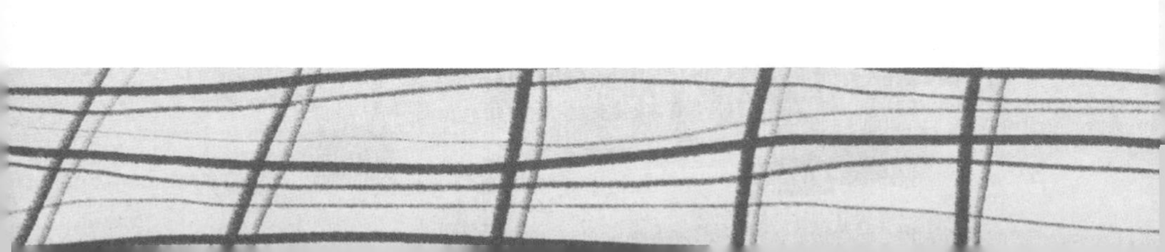

Part IV

#自我——修「情緒」這門學分，接住墜落的心

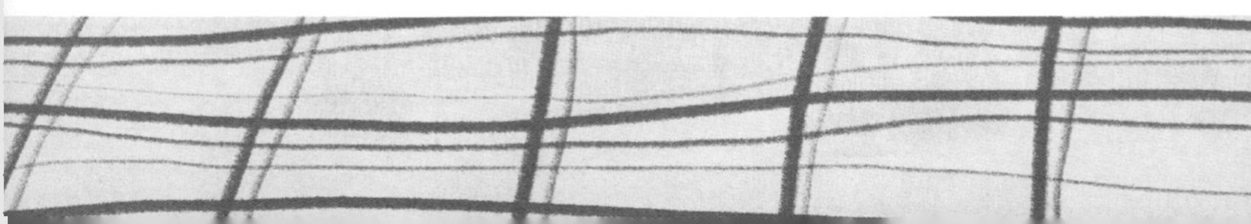

Part V

#未來——找到前進的勇氣，成為喜歡的大人吧！

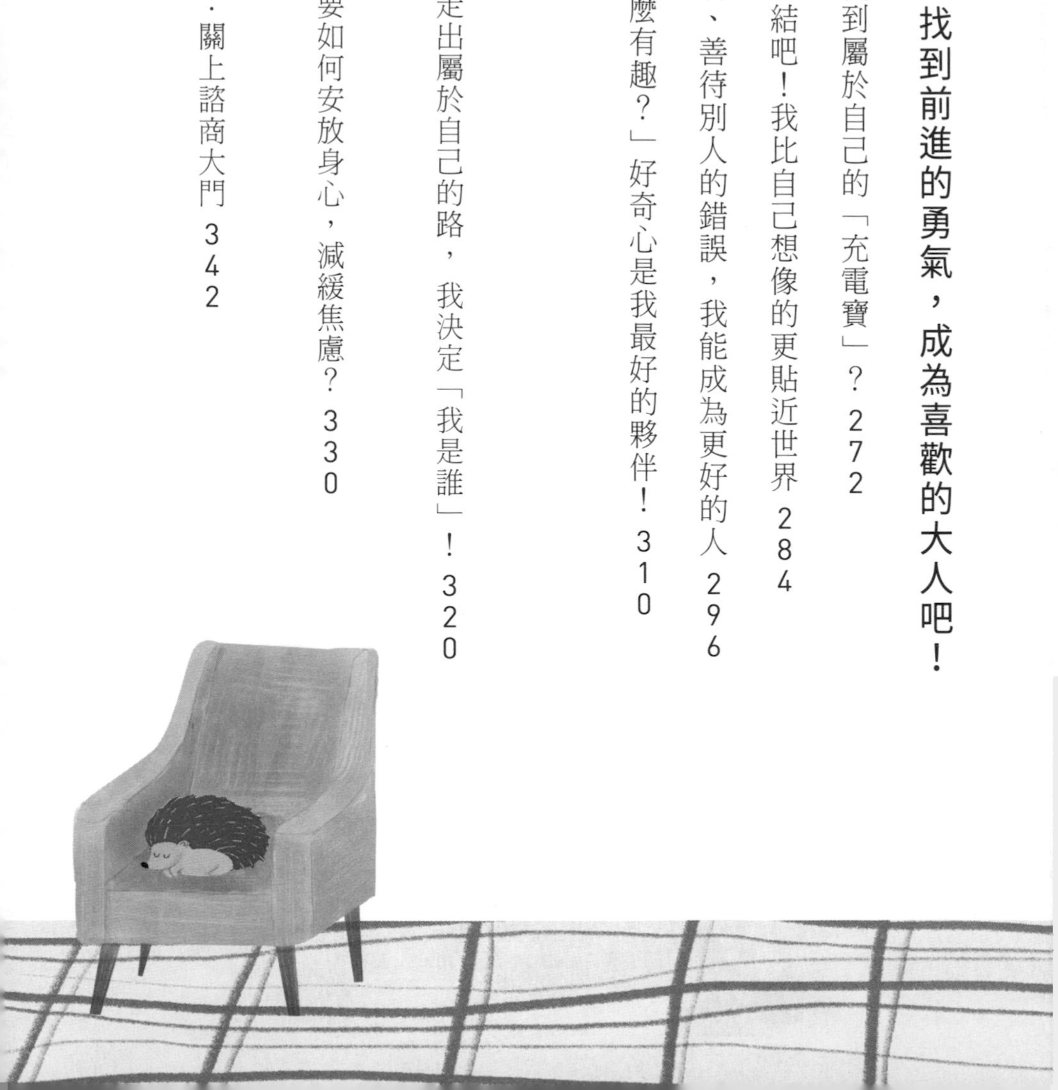

前言

故事開啟前：厭世代不厭世，只是無奈

OPEN：開啟諮商的大門，蜂擁而上的懷疑人生

你好！我是你的心理師，謝謝你給我陪伴你的機會。首先能否告訴我，你來諮商的理由呢？

「老師，你可以告訴我，我到底怎麼了嗎？」

「你到底怎麼了？什麼意思？」

「為什麼，我就是快樂不起來？」

坐在我面前的學生，哲雄，帥氣臉孔、身材高挑，頂著令人稱羨的頂尖大學學歷，來自溫暖接納、愛不匱乏的家庭，畢業於明星高中，卻愁容滿面地告訴我，「他快樂不起來」？

「大學生活很順利，但我就是有種快樂不起來的感覺。該完成的作業、考試、社團……我都會按時完成，但依然感到無力。心裡總浮出一個聲音：我就一直這樣順順地過下去，然後呢？」

哲雄講著講著，我不禁出神，看見他像是遊戲裡的主角，一路上過關斬將，一階階慢慢達成任務。小學畢業前，認真念書；到了國中，持續專心準備升學考試；到了高中，接著拚大學。但來到了大學這一關，他卻停滯了，因為他開始對人生產生懷疑，說到底……

「人生應該是長這樣的嗎？」

當然，若持續這樣往下走，努力維持成績，順利畢業後工作，或者念研究所，按照社會的期待結婚、生子，都是旁人看似圓滿完整的結果。但你是否也跟哲雄一樣感到徬徨疑惑？並且不免開始思考，自己到底是為了什麼在生活？又是為了誰而活著？

哲雄的困境其實一點也不罕見，多年來在我的諮商室裡來來去去的學生們，表面上晤談的理由形形色色，有的是對「求學生涯」產生懷疑，有的是對「人際交往」、「情感議題」感到困擾，也有的是到了大學後，才發現自己想鬆綁來自「原生家庭」的束縛。然而，當我們慢慢一層層往下剝開，向內心探索的時候，便會發現並沒有那麼簡單，這些表面話題和主訴困擾，其實都在反映大家對「自我存在」與「生命價值」等更深層議題的矛盾。

只是有時候，因為生活還可以維持，因為你還能吃、還能跑、還能在人群中假裝微笑，也因為還沒有遇到劇烈的事件衝擊，沒有出現真實的具體困境，就算你講出心中的疑慮，也會被當作少年維特的煩惱，只是無病呻吟。甚至，你也開始懷疑自己是不是太好命，才會不懂自己快樂不起來的理由……

但，真的是這樣嗎？

輸送帶的人生，終點是否真的是「幸福」？

認真讀書，按部就班地接受學校師長、父母規畫好的安排，是我們文化裡推崇的主流價值。

如果你像哲雄一樣是「乖孩子」，你從不會讓人失望！而對於這樣的按部就班，你在過去不曾真正提出任何懷疑（又或者只是把懷疑放在心裡）。

因為沒有人會質疑「當個乖小孩有什麼不對」，而你或許也發現除了專心念書、不斷追求知識之外，大人們並不太會鼓勵你去探索生活中的其他事物。不管你做什麼，他們都會跟你說：「好！那個很好！但現在……去讀書！」（或者直接一點：「做那個幹嘛？快去讀書！」）

我想到前陣子在網路上看到的一張圖，圖中比較了臺灣與歐美學習養成的差異。那看似令人莞爾的圖片，卻有著幾分無奈的真實藏在裡面。

自小到大，你不斷被各種說法「洗腦」，縱使除了讀書之外有想要做

歐美人才養成

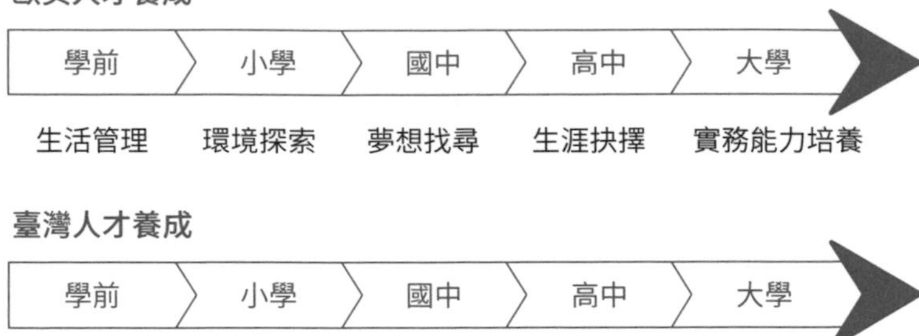

外語才藝　讀書考試　讀書考試　讀書考試　讀書考試／生活管理／環境探索／夢想找尋／生涯抉擇／實務能力培養／社會期待……

的事，也會被大人用各種理由哄著：「沒關係，等以後就好了！」「忍耐一下，上大學就好了！」「拚一下，等畢業賺錢就好了！」

興趣？談戀愛？玩社團？總之這類與讀書無關的事情，都等之後再說！而滿足現階段的「升學任務」，才是眼前最重要的事。（即使高中真的可以參加某些社團，或做某些志工活動，很大部分其實也是為了將來推甄大學時，能讓學習歷程檔案看起來漂亮一點而已！）

人生的旅途看似逐步前行，但其實是不斷的等待和延宕。直到你一路過關斬將後，才突然驚覺：「不知道自己到底等的是什麼？」

可能你偶爾還是會聽到一些從心裡發出的微弱警訊吧？它告訴你好像不該這樣，但大部分的我們還是選擇忽略內心的疑惑，選擇順應環境且自我壓抑。

因為大家都這樣，所以你跟著做準沒錯——這就是所謂的「社會期待」。跟著社會主流走，就不會有錯，也不可以有錯！包括我自己也是在這樣的價值觀下被養育長大的。於是慢慢地，我們有了一種習慣和信念：「人生就是漫長的等待」。

被規畫好的人生，卻剝奪了主動思考的可能

當你努力不懈地帶著眾人的期盼，終於順利進入了理想的學校，本以為從此終結漫長的等待，之後就是幸福快樂的人生，卻在上了大學之後才發

現，怎麼迎接自己的，竟是接連的懷疑和失落？

「我都已經念到他們要我念的學校和科系了，然後呢？」

「都大學了，我還是交不到（男／女）朋友啊！」

「如果我對自己念的科系沒有動力，而且我一點都感覺不到熱情，是不是代表我該轉系？」

這也是你的心聲嗎？這些是我在大學諮商室裡，經常聽到的低聲怒吼。

那些原本以為到了大學就會迎刃而解的問題，原來只是躲在暗處等著突襲而已！多年來活在父母與師長期待下的你，當任務達成後，卻漸漸失去戰鬥能力，彷彿力氣已用盡。你發現越來越無法為自己確立下一個目標與方向，**因為多年來已習慣將他人的目標視為自己的目標，於是當自己必須為人生決定方向時，竟變得不知所措。**

青春無敵的年紀，本應綻放燦爛光芒，你卻覺得自己無比黯淡，不知道接下來該把對生命的熱忱，放在哪裡？

青黃不接世代，無所不在

好吧，你說：「不！老師，那不是我！我不是那些會讀書的人。」你真的以為只有那些讀到所謂頂尖大學的學生，才有這樣的煩惱嗎？

或許你跟哲雄不同，並不是在課業上遊刃有餘的人；你在求學歷程上可能跌跌撞撞，但我相信你還是一路背負著「唯有讀書高」的包袱來到大學。然而在這裡，你依然感覺不到成就。以前總聽別人說「上了大學就好了！」，結果到了大學，你忍不住黑人問號地問：「上大學究竟哪裡好？」

「我不明白，為什麼到大學還有從早上八點到下午五點這種滿檔的課表？這跟高中有什麼不同？」

「不是說大學是自由的開端嗎？為什麼我每天都被原文課本、報告追著跑？哪有可能參加社團結交朋友？」

當我們已經習慣人生要以「成績分數」來為自己評價，就會發現到了大學並沒有比較快樂，自信也依然提不起來！課業跟得上的人，持續掙扎；跟不上的人，往往直接自我放棄。

整體而言，十八到二十五歲的你們像是青黃不接的世代，明明已經成年，卻依然得依附在家庭或學校的評價之下。於是你低吼著，你也想為人生做決定，卻無法在自身感受到任何力量，因為還是「學生」的你，看不到自己的實質產能。

你發現自己對生命開始呈現一種「無感、無動力、無關心」的態度，也越來越渴望能有立即的方法來解套這種無力感，最好找到策略，能讓自己面對眼前的生活輕鬆一點、容易一點、快速一點。

所以，你聽到有人稱你為——「厭世代」！

如果可以當躺世代，誰想當厭世代？

「人在面對困境時，不會在沒有任何抗爭下，就高舉白旗。」

——阿德勒／心理學大師

變得厭世或憤怒，都是源自於隱藏在背後的高度焦慮感，一種「我其實知道我該努力，但我內心還是不安。因為，我真的很懷疑，到底我能不能相信自己？所謂的『努力』是真的有用嗎？我又如何確信自己可以做到？」的掙扎。

這些聲音反映的是一種你對生活的無力、無奈，一種「無論我怎麼用力，還是無法清楚看見未來」的恐懼。不論是你自嘲「我就爛！」或感覺消極「厭世」，甚至是表現出淡然無欲的「佛系青年」樣，**都是間接性地反映出你對自身及未來的茫然。**

這種厭世心態，其實都是一種對抗的武器，用來假裝自己還有力量，能夠對抗不安感受的「自我保衛機制」（safeguarding）。面對自己該努力的人生，卻又不確定努力有何意義的狀態下，你只好躲在「厭世」心態內，說服自己「不是我沒有能力努力，而是我不想，也不需要努力！」

但，你是否想過，「爛」到最後呢？

我知道，這樣的狀態不能怪你。你也曾努力追逐夢想，到後來才發現夢被現實狠狠擊碎，誰能繼續發光？誰能繼續織夢？所以你想逃，想放棄，想擺爛……又或者你反而追得更用力，更賣力，但發現依然還是填不滿心中的疑惑。

然後，就沒有然後了。這時，我想起了二〇二〇年底在連續三天內，我們所失去的那幾個臺大學生，為了某些我們不知道的原因，他們選擇放棄生命。我總會為這樣尚未綻放就逝去的青春年華，感到不捨。

難道，我們真的無法事先做點什麼嗎？

如果可以重來，我只希望能有人接住他們

促使我動筆，書寫這本書的起心動念，是那幾個向天堂奔去的學子給我的反思。然而支持我完成的力量，不只是他們，還有這些年來我所陪伴過

的，一路跌跌撞撞，一起哭、一起笑、一起疼痛、一起掙扎，也一起看見生命曙光的學生們。是他們用一度徬徨的靈魂和生命故事，提醒我該做點什麼。

我總是思索，如果有機會，我會想對當年犯下惡行的鄭捷說什麼？如果有機會，我們有沒有人能好好接住那幾個決定對生命不再抵抗的學子？每個失控的心靈，都有可以被緊緊握牢的時候，但有時一閃而逝，錯過就是永遠錯過了。人生其實有很多變數，使力的方向不一樣，前進的方向就不一樣。

自出生之後，我們誰不是起初都想好好待在輸送帶上？但有時就是會不小心跌了跤、拐了腳，於是變得裹足不前、舉步蹣跚，然後就這樣不得已地被甩出輸送帶。然而在那之前，我們是否都有機會先幫自己綁緊安全帶，讓自己不要跌出生命之外？

我在大學諮商室日復一日，年復一年，類似狀態的學生們接踵而來。

社會對你貼上不公平的標籤，媒體控訴你的不上進、不積極，嘲諷你的佛系心態，暗示你的挫折容忍力太低，一點都不明白生命的可貴，浪費自己的生命……

但我看見了這些矛盾無奈的內在心境，那是被舊有的價值觀捆綁著的新時代困境，是新舊重疊下，無數學生來不及看清內在真實自我，苦苦掙扎下所採取的抵抗姿態。

這些厭世的表象，在在都反應了內心深處的焦慮，那是一種極度渴望成功，卻又害怕自己失敗的恐懼。

如果這樣的心境，對你而言也逐漸變成常態，我其實很想告訴你：

「沒關係啊！這都是暫時的，你只是此刻不安而已。」

「沒關係啊！你只是這個階段不確定而已。」

「沒關係啊！這個階段的徬徨、迷惑……都是生命的自然狀態。」

當你能體悟此刻的狀態只是暫時，就能開始多相信自己一點。你會知

道，你的生命是屬於你的主場，而你擁有獨一無二的光芒！

這是一本陪你思索，也陪你在掙扎中走出迷霧的地圖書

這本書，不是僅有熱血的激勵語言，也不會只是暖人脾胃的雞湯；它是一本陪伴與練習之書，需要你用一點一滴的時間去思量、消化。這可能是你看過最簡單，也最困難的書！

因為生活其實很簡單，是我們把它活難了。而要讓自己回到簡單，需要你也為自己做一點努力。

這本書穿插了許多不同的練習，有一些對話、一些自己陪伴自己的小技巧、一些需要你思考的問題，還有與他人互動的練習。如果你想透過單純的閱讀，帶給自己新的領悟，那很好。若你想帶給自己更深遠的改變，希望自己的生活可以有所不同，我更想邀請你將這本書視為一本練習簿，不只單純閱讀，更透過思考與實踐，來感知自己的改變。

我總這樣對學生說：我可以對你說出上萬句話，但唯有你真正「能帶走，能使用在生命中」的那句話，才會是對你最關鍵的事。只有你帶走了，才是對你有用！

所以，如果你是個習慣聽話的孩子；如果你心底有種淡淡的違和，彷彿常有聲音在告訴你，生命不該如此；如果你也一度懷疑過未來，質疑自己本來的面貌——

那就跟著我一起進入生命的探索吧！要記得，你現在的茫然、對生活的「厭世」絕對不代表對生活無感，那反而是一種深層的渴望，代表你比誰都期待自己成為「豔世代」。

所以，沒有關係，當你此刻越是徬徨混亂，表示你距離突破現狀的臨界點越是接近。這都是暫時的，一切都能度過的，只要好好盡力去活著，去體悟、去感受、去徬徨、去衝撞，你終究會成為自己想要的樣子！

「不要害怕現在，也不要逃避過去，只要我們足夠勇敢，無論生活如何扯淡，總有一天，時間會證明，人生沒有白走的路，每一步都算數。」

——坂元裕二／劇作家

這本書將陪你看看過去怎麼了？現在的困境可以怎麼解決？未來又可能是什麼模樣？不論你是正懷著無限想像即將進入大學殿堂、開始思索生命的大一新鮮人；還是已在大學讀書，卻越來越感到茫然的學生；或是即將畢業（或剛畢業），卻發現自己越來越無助，開始害怕脫離學生身分的「準社會新鮮人」；我都希望這本書能給你一點方向，讓你有機會知道自己怎麼了。

如果你不曾害怕，怎麼知道你可以勇敢？

於是，你對於自己的徬徨，也能學著給予多一點的耐心與時間；當厭世、焦慮心情出現時，也能試著去相信自己，你還有許多的勇氣。

勇敢去成為＿＿＿＿的自己！

這個空格，希望你讀完本書後，為自己填下！

Part I

課業

念書成了全部，人生竟成廢物？

1 履歷刷好刷滿，生活忙碌充實，為什麼我還是覺得好焦慮？

「在我的領地裡，你要一直拚命跑，才能保持在同一個位置；如果你想前進，你必須跑得比現在快兩倍才行。」

——《愛麗絲夢遊仙境》

面對未來的不確定和高度不安，人往往會選擇主動出擊！但你是否想過，當你奔馳在追逐理想的路上，究竟是因為「希望」帶著你前行？還是因為「恐懼」推著你狂奔？

我想和你說說小園的故事。

小園是主動預約來會談的學生，大三的她，對自己時間管理的能力感到很困擾。

我們第一次談話的時候，她開門見山地說：「老師，我想我需要時間管理！」接著她翻出行事曆，上面有密密麻麻的註記，還貼滿五顏六色的標籤貼。

看著她的行事曆，我其實驚訝不已。因為那根本不像是「一個人」的行事曆！老天爺很公平，祂給我們每個人都一樣多的二十四小時，但我看得出來小園奮力嘗試打破這種公平，想方設法在一天之內，將所有時間的使用效益最大化。她把所有行程塞好塞滿，除了修滿整天的課，還有系聯會、社團活動，以及與同學們一起舉辦的自主性讀書會，或到補習班上課等等……

小園說話的語速很快，連珠砲似的，滔滔不絕，整個人呈現焦躁不定、坐立不安的樣子。她說自己從小就容易緊張，對自己的決定很難有信心，做什麼事情都會再三詢問別人的意見，多方打聽之後，才能勉強下決定。

做了決定後又會瞻前顧後，無法相信自己。自從上了大三，容易緊張的個性變得更加明顯，現在連睡眠品質也受到影響，每天總擔心自己事情做不好、書念不夠、課選不滿，自信心越來越低落。

比起她熱鬧滾滾的行事曆，我其實更擔心的是她彷彿黑洞的疲憊眼神。我忍不住問她：「你有時間休息嗎？」

「休息？」小園露出苦笑，那個笑容充滿了無奈和不得已，彷彿我在講一件她渴望卻不敢奢求的事情。

那個笑容令我頓時明白，或許在她渴望學會時間管理的表象議題下，內心其實有更深層的議題，需要好好被理解、討論。

想釐清事情的輕重緩急，卻釐不清自己的心

小園的主訴很清楚，她需要有效的時間管理策略。而有效的時間管理有一個關鍵——要能夠排出事情的優先順序、輕重緩急。於是，我邀請她依照

事情的緊急性與重要性，找出必要與非必要的事項，然而，這讓她陷入了困難。

「老師，我沒辦法，因為這些都很重要！我一個都不能刪。老師，你聽過『刷履歷』嗎？」

小園告訴我，刷履歷是現在大學生越來越常見的一個現象，她和同學們為了畢業後能有更好的出路，進入大學後，便有目的性地參與各種競賽、活動，預備各式證照檢定考試。大二就開始預備研究所或畢業後的公職考試，大三時投遞各種實習機會，目標就是在畢業前「刷好刷滿」，讓自己畢業時的履歷可以呈現「多采多姿」的樣貌，讓人感覺大學生活過得豐富多元。

這些琳瑯滿目的活動，如果都是方向一致且平衡的，我想還不至於會造成太大困擾；但我在小園身上看見的是，囫圇吞棗般地照單全收，不管她對這些活動是否真的有興趣；她像是一列幾乎失控、失速的火車，不斷向前奔馳，卻無法清楚辨認這輛列車實際的方向與目的。她有路就闖，有口就鑽，塞好塞滿的同時，不但沒有感覺充實，反而更焦慮。

小園的說法，呼應了我的猜測。對未來的不安，讓她無法確立自己現在的價值，也不知道自己真正想追求的是什麼。

青春進入延長賽，不確定結果就沒人敢停下來

你是否曾想像過這樣的畫面：你正走在一條長長的跑道上，而沿路有許多關卡，跑道的兩旁，有各式各樣的人。你的父母、師長、前輩……大家紛紛出現，然後指著遠方那些關卡，熱烈地說：「去！快去！抵達終點的時候，身上別著越多徽章的人，就是越成功、越值得驕傲的人！」

你望著他們，也望著前方已經出發、正在奔馳的人，心裡想著：「對，沒錯！大家都是這樣的，我不能落後。」於是你起步了，你先用自己的步伐奔向第一關，順利完成任務。你也發現每當完成一道關卡，就會有一個徽章別在你身上。

於是你更加快腳步地跑著，一路過關斬將。但到後來，你已經不知道是為自己而跑，還是為大家的期待而跑？總之你告訴自己，當身上的徽章越多，你就可以越有自信，也擔心萬一到最後，如果身上的徽章不夠亮眼，那就慘了。

你是否已習慣透過外在成就指標來定義自己？藉由馬不停蹄追求外在認可，來找尋自我價值。於是整個青春期階段，你感受到的，只有忙、茫、盲。即使到了自由的大學時期，這樣的忙碌、茫然、盲從依然持續，你的青春彷彿進入了延長賽，在還沒有得到主流價值認可的獎牌之前，你就不敢停下這場賽局。

迷航的步伐，追的是誰的夢？

德裔美籍知名精神科醫師艾瑞克森（Erik Erikson）曾提出一個人格發展理論：社會心理發展論，他認為人的自我意識發展分為八個階段，每個階段都有重要任務需要完成。

而在十三歲到十九歲之間，是人們學習整合「自我認同」的關鍵階段。這時期的我們需要深入探索自己，尋找自我定位。我怎麼看待自己？我又如何在別人眼裡，建立出屬於自己的形象？在這個時候好好整理出「我是誰？我要做什麼？我能成為什麼樣的人？」的自我概念，會幫助我們對自己有更深的接納和認識。

找到清楚的自我認同定位，是這個時期應該滿足的任務，但過度強調外在價值的文化，並不鼓勵我們深入認識自我，於是我們汲汲營營追求外在的光環。這些外在肯定，**看起來好像對「充實自我」有幫助，但事實上卻讓我們更加迷失。**

當媒體社群不斷歌頌「人生勝利組」，他人成功美好的一面像病毒似地被傳播，強調誰擁有什麼能力、誰又獲取了什麼頭銜，我們便越會感到自身的無力與無助，集體性引發你我對於「不夠好」的焦慮，病態的「比較文化」，讓我們陷入更深層的不安！

就像小園塞滿的行事曆，她不停追求「成就徽章」，卻從未清楚那是否是自己真正想要的。原本就容易焦慮的她，需要對生活有足夠的掌控感，於是就像參加便利商店的集點活動一樣，非得集好集滿不可，不放過任何機會。寧可囫圇吞棗一把抓，也不允許自己錯失任何一種可能。

以為在追逐主秀，其實只是雜耍

當你也像小園一樣用忙碌的行事曆填滿生活時，為何內心依舊感到失控和不安？這是因為你並沒有處理真正的核心議題「自我認同」。**阿德勒心理學稱這樣的行為模式為「人生的雜耍」（Side Shows）。也就是將主要的議題遮掩起來，忙於奔波其他事情，而該完成的卻依然沒做。**

舉個最簡單的例子，就是當你面對期末考或大量報告的時候，有沒有注意到自己特別容易分心？更喜歡去做一些看似「正當有道理」（例如：整理房間、清空收件夾、上網買書……）的事情，但對你該完成的，卻一點幫助都沒有。（寫這段時，我想到我在大學準備考試期間，曾一天洗了三次澡！）

雜耍活動不一定帶來傷害，卻往往遮掩我們應該面對的課題。

拿小園的例子來說，想要減低焦慮，她需要學習的是傾聽自己的想法，以及和未來的不確定感共處，但她選擇的處理方式，卻是藉由填滿自己的時間表，來感受對生命的控制感。結果不但沒有解決問題，反而還讓內心的焦慮越發病入膏肓。

「當迷失了方向時，我們往往跑得更快，這真是人類古老又文明的習慣。」——羅洛．梅／存在心理學之父

面對塞好塞滿的人生，我們需要的，從來都不是有效的時間管理策略！而是正視自己在面對「不確定」時的焦慮，學會忍耐適度的空白，也停止人云亦云。**別再別人忙什麼，就覺得自己也必須跟著忙什麼。**

否則，就像跑步的過程，要是腳步與呼吸之間沒有默契，吸吐之間，反倒格外痛苦。

允許等待與留白，覺察是改變的起點

人生不是短跑賽，如果你永遠都在衝刺，身體、心理會不堪負荷。優秀的馬拉松選手，會適時地分配自己的腳步與速度，在該在補給水分時緩一緩腳步，才能應付長途的奔走。

很多時候，人生的滋味需要足夠的時間醞釀，無奈的是，你過去可能看不見，這是因為沒有人讓你知道「**允許等待是穩定生命的關鍵**」。贏在起跑點的概念，讓許多人鳴槍一響就盲目地疾速奔馳，但跑得太快太急，就更容易左腳踩到右腳，踉蹌跌倒。

變得太急的人生，使人過度用力，越用力就越無力，越無力就又想抓得更緊……我們都需要覺察到自己真正的議題，避免失速又失去方向。

塞好塞滿的人生，其實塞的是自己的焦慮與不安。當你一心想著「逐夢」，就會忘記「築夢」才是未來穩固的關鍵。**急著追逐的步伐反而可能失足踩空，而穩紮穩打的基礎，才能堆疊你將來的能量。**

適度「放手」，比一直「握緊」更難。人生初期的塞好塞滿，未必與未來的成就、充實畫上等號，而當你的生活已經「滿」到忘記連結當下，忙、茫、盲的人生，其實才是反映更多的空虛。

有時，能放手喘息，才能飛得更高。

你是否也有下列症狀？焦慮的自我檢核表

- ☐ 只要看見同學參加任何活動、比賽，你就會覺得緊張，認為自己也非得跟著做到不可
- ☐ 即使你完成了某個成就，依然感到空虛
- ☐ 你總是害怕自己現在做的事，對未來的出路沒有幫助
- ☐ 你會透過參與各種活動，來彌補自己對未來的不確定感
- ☐ 你總是透過參與各式各樣的課外活動，來證明自己有競爭力
- ☐ 如果行事曆中有空白處，你就會想辦法塞滿它
- ☐ 你總覺得課業、生涯規畫是不可以放鬆，不可以有空白的
- ☐ 想到畢業時無法馬上確定下一步，你就會感到高度擔心與焦慮，甚至失眠
- ☐ 對你來說，「求有」跟「求好」一樣重要
- ☐ 你心裡總有個聲音，對自己說：「我永遠不夠好！」

如果上述的十點你勾了好多點，並不代表你的生命就絕對失控。倘若你符合的敘述越多，越需要你停下來思考一下，緩一緩，也試著透過下一頁的問題，與自己對話，探索自己真實的聲音。

對時間安排感到焦慮時，你可以想想這些問題：

- 你試圖把行事曆塞滿、參加很多活動或實習，具體來說，你想透過這些得到什麼？
- 你能分得清，哪些是你「真實需要」，而哪些只是「盲從」嗎？
- 如果沒有獲得你想要的，事情又會變得如何呢？
- 生活中有哪些活動，可能與生涯、課業無關，但你依然可獲得滿足感的？
- 你有因為參加某些活動，犧牲自己的基本生活品質或健康嗎？
- 你能每次都享受你參與的這些活動嗎？
- 達成目標後，你心中的真實感受是？

心理師給你的話

有句廣告詞說：「世界越快，心則慢」。當身旁每個人都告訴你「你這樣會來不及！」的時候，能不能練習適時地停下來，喘口氣，給自己空白的時間？

問問自己，你經常感受到的焦慮，是使你變得更好的人生助力？還是使你更加疲憊的生活阻力？反之，倘若一路奔馳是必須的，那麼，就請將焦點放在自己身上，允許自己好好享受這些安排。請你讓自己看到——今天的你，已比昨天更好！

2

人生可以自己決定？TMD都是屁！

「每次有人說『這是為了你好』的時候，那就是最壞的決定。」

——《后翼棄兵》

「你成績這麼好，將來去當律師吧！」

「好好念書！成為我們家的第一個博士。」

「你功課這麼好，將來準是念醫科的料！」

這些看似鼓勵、其實是壓力的話語，從小到大你聽過多少？

臺灣很多家庭，如果孩子自小成績表現良好，大家不僅會對他賦予高度期待，甚至還會一路灌輸這樣的概念：「去念醫學院，你天生就是當醫生的料」。

我認識的阿龍，就是這樣的一個孩子。他始終將頂尖大學的醫學院視為自己求學之路的終極目標，一路就這樣努力著……直到，他生命慘遭第一次滑鐵盧。

我認識阿龍的時候，他已經當了第N次的大一生。

第一次，阿龍順利考上「能當醫生的系」，但家人和他自己都不滿意，因為那不是他們心目中的第一志願，學校也不是在他們想要的城市。所以大家鼓吹他再考一次，紛紛對他說：「沒關係！你只是失常，再給自己一年機會，你絕對是當西醫的料。」

於是阿龍辦了註冊，接著休學，決定再拚重考。那是他第一次當大一新鮮人。

第二次，他順利考上了「醫學系」，然而，家人和他還是覺得不夠！因為大家希望他考上的是國立大學的醫學系，他卻上了私立學校。於是，在家人的說服下，他再次辦理註冊，再度休學，再度重考。學期都還沒開始，他便結束了第二次的大一生涯。

第三年，阿龍終於不負家人期待，順利考上了國立大學醫學院。

無奈，卻不是他和家人朝朝暮暮盼望的醫學系。

有別以往，家人這次顯得有些遲疑，不再鼓勵他重考，反而對他說：「不如，好好去念吧！不要再重考了，這個國立大學的學位，也是很好的。」

於是那年，他註冊之後就沒有再像往年一樣辦理休學。他終於成了真正的大一新鮮人。

但其實，阿龍非常生氣。他怨懟家人以及過去所有叫他重考的人，他氣他們毀了自己的人生。

「自己決定未來」，沒這麼簡單？

我們都不能否認，現今世代既制式又規律的學涯規畫，提供我們一種安全框架，**按部就班地走在這條可預期的道路上，能獲得掌握感，進而帶來安全感。**

但如果你仔細思考，將會發現這些預期性、掌握感、安全感，從來不是靠你自己「規畫人生」而得來的；成長過程中，我們也都鮮少有機會真正練習描繪自己的人生藍圖。

但這個「有人幫忙規畫」的人生，在大學階段就突然停下，好像你本來在手扶梯上被緩緩送到上一層樓，但到了某一層樓之後，就突然停了，之後，你得自己決定踏出手扶梯，卻不知該往哪裡去。

但，恭喜你，你自由了！

成為大學生的你，不僅在選課、休閒時間上變得自由，未來的生涯選擇，也變得更多元了。**但得到了選擇的自由，代表後續承擔的責任與後果**

也更加深遠，**不確定感也隨之產生**。當面對這種躁動的不確定感，我們在潛意識會採取「**讓別人為自己決定**」的反應，這是很自然的發展。阿龍就是很典型的例子，表面上好像是他不得已順應著大家的期待，事實上，是他自己也「同意」這樣做的。

因為看不見未來，我就不想做決定；不決定，我就可以避免做錯決定的風險。因為害怕做決定之後，萬一失敗了怎麼辦？如果我做的決定造成失敗的結果，就等於「我害我自己失敗了」！

害怕失敗，絕對不是因為挫折耐受度不夠，是我們對於成功的想像太過侷限。我們很常認為成功只能是一種樣貌，而未來也只有一個方向，更無法想像離開「輸送帶」後的可能風景，於是就越加依賴被規畫好的人生。

惡性循環下，你可能變得更舉步蹣跚，無法行動，因為**害怕失敗的恐懼，大過於對成功的渴望！**不行動，當然絕對不可能有機會獲得成功，但，也絕對不會失敗。

殊不知，**讓別人決定，其實就是一種決定**。

都是They的錯？不健康的報復心態，受傷的是自己

可以想像阿龍生活的挫折感一定很大，在和我晤談的過程，他依然沒有放棄「重考」的想法。他一邊念著自己的科系，一邊準備捲土重來。但雙重的念書壓力加重了生活負擔，一心二用之下，成績自然不會理想。他抱怨著對現在的課程內容一點興趣也沒有，教授的教學方法又太爛，讓他寧願待在宿舍裡預備重考。作業也好，團體討論也好，自然品質都很差；他對課業與班級不太投入，連帶在班上人際關係疏離，歸屬感更低。此外，他也抱怨年齡比他小的同學們都太幼稚，很難相處，根本不想和現在的同學互動。

阿龍卡在各種層面的困境中，讓他對生活的抱怨越來越多，認為都是父母、師長、同學等造成他的痛苦。他越對現狀不滿、越想解決眼下的痛苦，竟然就越矛盾地堅持重考，而不是選擇自己真正有興趣的領域。這種行為多少有點報復性和自我放棄的意味，也讓阿龍沒有機會跳出框架去思考，如果做了不同選擇，可能會有什麼結果？

當你遇見生命的難處，會不會容易像阿龍一樣，認為都是別人害的，所以別人要為你負責？

要是爸媽沒叫我念這個科系，我就不會這麼痛苦了！

要是家裡富裕一點，我就有錢出國念書了！

要是同學態度友善一點，我就敢去問他們功課了！

要是當初那個誰沒有害我，我現在就不會這麼難受！

許多的「要是」、「如果」、「早知當初」……但你是否想過，這些念頭為你帶來了哪些影響？

我們將生命的挫折來源歸咎於外界有個好處，這樣便可以避免我們過度自我攻擊，保護我們脆弱的自尊，緩和痛苦的感受。但這樣的思考模式，其實等同於將自己生命的方向盤，交給別人掌握，路徑和結局，也由別人定奪。

那麼，有沒有可能反過來問問自己，除了認定「都是They的錯」，我還可以為自己做什麼決定？畢竟，請不要忘記，你才是生命的主人。

生命的主控權，一直都在你手中

關於生涯的選擇，或許我們無法重寫來時路，卻都有機會為自己決定最終的結局。

不難猜測，阿龍本人肯定也希望自己能擁有平順、成功的人生。但他沒看見自己的心境與態度，並沒有帶著他往渴望的方向走，因為一旦認定都是別人害的，就會忘記自己才該是控制生命方向盤的人。

要找到你為自我困境解套的方式，是去思考你是不是持續使用無效的方式面對眼下的困難？持續的報復行為或自我放棄，並不會讓你過得更好，反而會將自己推往痛苦與責怪的情緒裡。

然而，很多人總有個誤會，以為放下責怪他人的情緒，就是對自己不公不義。因為在他們的認知裡，一旦改變受害者心態，就等於原諒那些當初加害我的人，那他們就沒有機會知道自己的過錯了。

再回到阿龍的故事。遺憾的是，並非每次的諮商歷程都能順利與學生走到最後。因為某些原因，我和阿龍之間的會談，只到第三次就畫上句點。最後一次諮商時，他問我：「明明是他們害我一直受苦的，為什麼我非得原諒他們不可？難道非得要我『放下』嗎？」

現在回頭再想，當時的阿龍心裡一定充滿了委屈、也太受傷了，所以還走不出對別人的怨懟與責怪，而你我其實都一樣，面對外來的壓力，比起改變自己，持續指責別人當然更容易。

因此，並不是你一定得「原諒」或「放下」那些不顧你意願、強勢地幫你決定人生的人；只是，當你能靜下心來時，是否也能好好思考「接下來你想怎麼樣？」難道就這麼一直卡在這裡嗎？別人耽誤了你，但除了責怪，你就不能有別的作為了嗎？

與阿龍的諮商結束近十年了，我心中不免還是有些遺憾。很想知道多年之後，他好嗎？他最後考上理想的科系了嗎？還是持續走在埋怨的人生路上？他到最後是否有機會察覺，**自己當初將生涯的選擇視為對立的二分法，其實是一種作繭自縛，是他把自己困在死胡同裡？**往後十年的他，是否依舊過度專注在他人的錯誤？他究竟獲得屬於自己的其他可能了嗎？這些我都無從得知了。

講完了阿龍的故事，我想跟你說：生命絕對不是單一方程式，也不是只有一套標準作為。所有的矛盾與困境，兩者之間一定有可以交集的解套方案。你是有能力拿回生命主導權的，試著練習拉開眼光，不再專注於單一結局，看見生命中的各種可能，也嘗試打開自己更多潛能。更無需藉著報復他人，來懲罰自己的人生。

打破二元思考，衝突的整合練習

1. 想像一個最近讓你覺得左右為難的情境，例如：你渴望透過參加社團活動來獲得不同的人際互動，但你卻需要把時間花在打工賺取生活費。或是其他可能相互干擾、使你感到衝突的困境。

2. 拿出紙筆，畫出兩個中間有交集的圓，如下方的圖；並列出兩種衝突的情境分別能帶來什麼好處與意義。請讓自己越客觀越好，也可以詢問身旁的朋友，請他們為你提供想法。以上面提到的情境為例，分別把「打工」和「參加社團」的好處列出來：

行為一：打工
好處與意義

- 賺錢經濟獨立，買自己喜歡的東西
- 有錢賺就不用看父母臉色，比較快樂
- 提早工作，累積實務經驗
- 累積人脈
- 認識校外的人，突破同溫層
- 學習職場人際溝通
- 培養挫折耐受力與耐性
- …

行為二：參加社團交朋友
好處與意義

- 認識新朋友，認識異性
- 增加戀愛機會
- 參與有趣的活動，增加生活樂趣
- 透過社團參與學習規畫統整能力
- 參加社課，獲得新知
- 認識校內與外系同學，拓展不同價值觀
- 因為是自願的，沒有被強迫的感覺
- 參加成果展，獲得成就感
- …

3. 完成步驟二後，找到圓的兩邊共通的部分，並圈出來，寫在兩圓交集的地方。如下圖：

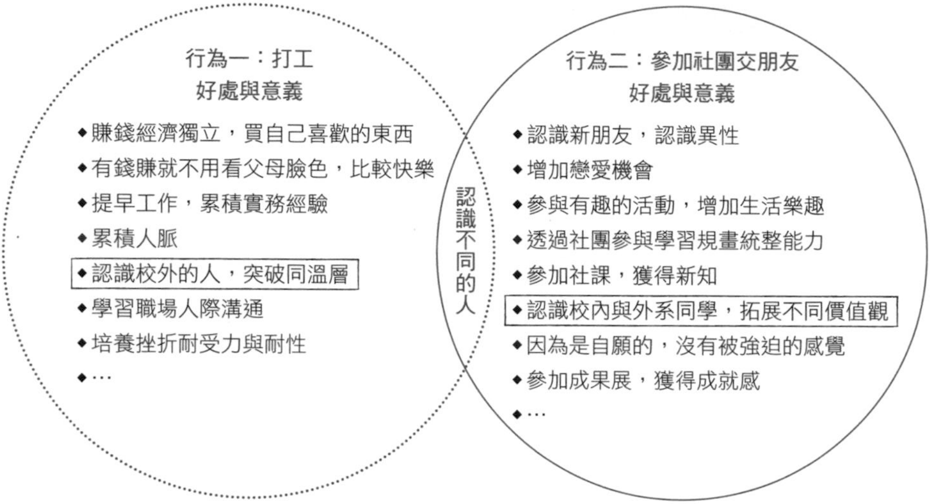

4. 接著問問自己：「這兩個衝突的選擇，是不是其實都能達到我渴望的目的？」

5. 最後，試著完成以下語句練習：
雖然我＿＿＿＿＿＿＿＿，但我依然可以＿＿＿＿＿＿＿＿。

例如：
雖然我需要打工，沒辦法在社團學到多元性的知識和規畫活動的能力，但我依然可以透過打工在工作上累積實務經驗，學會職場溝通。

6. 多寫幾個句子，越多越好。

這個練習，目的在幫助你跳脫二元思考的框架。很多時候，我們往往會覺得要達到某個目的，只能透過某種特定的方式。但透過這個練習，你會發現：「欸？其實另一種方法也能得到我想要的結果！」你本來以為去打工，就會犧牲掉玩社團交朋友的時間，但其實在打工的職場，也能達成「交朋友、拓展視野」這個目的。而透過語句練習，能幫助你增強轉換思維的能力，聚焦在事物正向的一面。

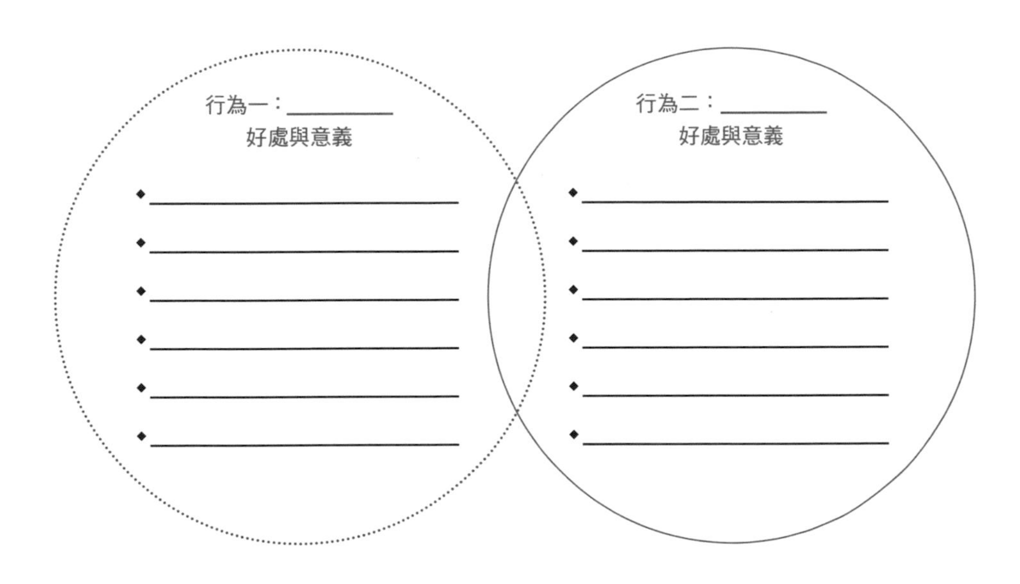

心理師給你的話

當你持續採取錯誤的態度與方式面對困境時，就算嘗試一百次，依然會失敗。

萬事並非 0 與 1 這麼絕對，改變行為，自然改變結果，只要你願意看見不同的可能性，生命的僵局，就不會再是死棋。

3

我成績這麼差，會有人喜歡我嗎？

「真正重要的東西，只用眼睛是看不到的。」

——《小王子》

有些學校有「學習輔導」的關懷機制，當學生成績不理想、不及格科目過多，有被退學的危機時，學校就會啟動輔導機制，主動關懷這些學生，了解造成他們學習困難的主因。若是有心理方面的因素，便會轉介到學校的諮商中心。

我和曉陽就是這樣認識的。

他本來還有點排斥來談話，但是某次考試成績出來後，他再度受到打擊，萬念俱灰下突然有一種想自我了斷的衝動。這個衝動嚇到了他，於是在最後一根理智線被壓斷之前，他走進了諮商中心。他知道，自己該跟人聊一聊了。

曉陽對自己成績已經拉上了紅色警戒這件事，感到衝擊又挫敗。「老師，上大學就是這樣嗎？每天都覺得自己不如人？」這是他走進來問我的第一個問題。

原來，人生「認真努力」不是唯一解答？

曉陽過去求學歷程很穩定，在高中畢業前大多名列前茅。但上了大學之後，他發現這個學習環境跟他想的不一樣。

上了大學的你，是否也曾跟他有類似的感覺？覺得人外有人、天外有天，不論自己如何挑燈夜戰，還是只能看著他人的背影望塵莫及。而這些差異，並不是念不念書的問題，也似乎不是靠努力或技巧就可以克服的。

某天你突然驚覺，原來長輩諄諄告誡、少年漫畫也不厭其煩歌頌的「認真、努力」，在現實中卻不一定會帶來快樂人生？

曉陽就像你我一樣，**習慣將自我價值建立在「成就表現」上，努力當個「好學生」，腦海中也不知不覺深植了「只有當個好學生，我才是值得被愛的」這樣的想法。**

一路上以「好學生」定義自己的曉陽，大學的慘烈經驗讓他措手不及，自信瞬間跌到了谷底！上學期必修課已經被當掉的他，為了避免延畢，這學期重修學分。但這次期中考，成績依然不理想，如果期末考一樣不好，延畢就是既定的事實。

這個念頭讓他更害怕，身為好學生的他，怎麼可以「延畢」呢？結果，他選了更多的學分，超過自己實際能負荷的程度，於是曉陽身心俱疲，感覺快被焦慮吃掉了！

曉陽每天的生活，除了規律上課、做作業，其他時間就是把自己關在宿舍、圖書館裡念書。高焦慮與情緒低落同時困擾著他，而他覺得，把成績提高才是解決焦慮的唯一方法。

大部分的我們在高壓力環境下，都需要適度地抽離壓力來源，也需要足夠的人際網絡連結，成為自己的支持系統，但曉陽卻拒絕參與任何跟課業無關的活動。

我還記得他曾說：「我讀書的時間都不夠了，哪還有時間去跟別人交流？」在他的觀念裡，「成績不好」就等於是人生失敗組，是不值得家人、朋友尊重及喜愛的對象。自卑感就像他的心魔，讓他不只拒絕了一般的人際互動，甚至也不敢跟同學或學長姐求助，因為他覺得：「我成績這麼不好，去問人家功課，別人只會覺得我好爛，然後瞧不起我吧！」

以上的內心小劇場似曾相似嗎？你也常有這樣的想法嗎？覺得課業成績單就等於人生成績單？其實，曉陽最大的困境，並不是他的成績不理想，**而是他對個人價值與生涯的看法，落入了所謂的「認知偏誤」**。

思考的大BOSS：認知偏誤

認知偏誤（Cognitive Bias），或認知陷阱，是美國心理學者在一九六〇年代逐漸發展出來的理論。這理論的核心觀點，是認為人在發生事情後，所產生的情緒與後續可能的行為反應，並不取決於事件本身，而是當事人對於事件的觀點、看法、態度，有點類似「萬物唯心論」的概念。其中「**以偏概全**」和「**災難化思考**」是人們最常犯的兩種認知偏誤（若對於這個理論或其他認知偏誤的類型有興趣，可以搜尋「認知行為療法CBT」或「情緒ABC」理論）。

在曉陽身上，這兩種你都看得到。他的認知偏誤邏輯是這樣運作的：因為自己成績不理想，所以其他問題才會產生（即「以偏概全」）；換句話說，只要功課表現趕快追上來，其他的問題就會迎刃而解。這樣的想法，讓他卡在僵化的思維中，就如同腦內有大魔王下令：「只要成績沒處理好，就不准給我去做其他事情！」

而接下來，腦內大魔王又持續丟出威脅恐嚇：「成績不好，等於你的世界毀了！因為不會有人救你，大家只會說你爛，而你不改變，情況就只有更慘！你！死！定！了！」（即「災難化思考」）。於是便造就了曉陽另一個狀況，他拒絕讓父母知道自己越來越憂鬱，人際方面也越來越退縮。會這樣想，是因為過去他在學業上遇到挫折時，家人的回應總是：「你有沒有認真念書？再加油一點就好了啊！」家人的反應，加強了曉陽對「學業成績」和「自我價值」之間的連結；也讓他往後遇到類似的事情時，會不自覺地啟動腦內警訊，明明只是小問題，卻會被無限延伸與放大，也就越無法冷靜思考解決方法。

你的認知習慣，是你理解世界運行的準則。**一旦你腦內的私有準則與外在世界產生矛盾，就容易造成不協調感，進而感到焦慮、痛苦。**認知越僵化固著的人，越會被自己侷限，而看不見其他可能性；因此，越能彈性調整這個準則的人，越有機會打破限制，適應不同的環境。

關於許多其他類型的認知陷阱或認知偏誤，我們將在後面的單元多做說明。現在先來看看對於認知困境，你可以如何打破限制、走出迷宮。

阿德勒三大任務：「工作、友誼、親密關係」缺一不可

讓我們先跳出框架一下，先來想想關於「人生」這個大哉問。你是否想過除了念書，人生還有什麼呢？早在一百多年前，心理學大師阿德勒已經為我們提出了深刻的見解。

阿德勒認為，人類活在世上，客觀來說確實有許多要克服的限制，因為我們的生命時間、環境資源、個人能力有限，而為了要克服這樣本質上的限制，也為了獲得更完整與幸福的人生，我們必須均衡發展三個重要的任務：「**工作發展**（**學業力**）」、「**人際互動**」與「**親密關係**」。能均衡地在這三項任務中找到自己價值的人，越有能力成為身心完整的個體，拓展與社會的連結度，發展對他人的關懷（阿德勒稱為「社群情懷」），並邁向幸福穩定的人生。相關的說明，可以在其經典原著《自卑與超越》、《認識人性》或其他阿德勒相關的書籍中找到。近年非常熱門的暢銷書籍《被討厭的勇氣》中，作者岸見一郎先生也有提到。

有趣的是，對阿德勒來說「工作」的價值，從不是用「經濟產值」或

「收入」來定義，他認為只要是在群體中，發揮自己的體力或智慧、對人群有貢獻，就是一種工作型態。舉例來說，家庭照護者在家中照顧家人、整理家務，讓其他家人可以外出工作，賺取收入滿足家庭支出，就是他的貢獻，這正是一種「工作」的形式表現。三大生命任務的說明如下：

- **工作發展**：勞務上的分工與貢獻，人人各司其職的表現。
- **人際互動**：與人合作共好，對他人產生興趣連結的表現。
- **親密關係**：在愛情與婚姻中，產生與人親密的表現。

曉陽也好，或是前面案例的小園和阿龍也好，我們的環境很容易忽略除了「工作能力和高成就」以外的訓練，對非課業相關的問題往往視若無睹，也讓我們自然容易忽略了自己非課業相關的能力。於是，**在生活中遇到的種種不滿意，就會被我們很直覺地連結到學歷或工作方面的表現**，例如：「我成績不好，同學應該都瞧不起我」、「我無法順利交女朋友，是因為我不是醫生」等。這類說法聽起來也許有些不可思議，卻是我在諮商室裡確實聽過的。

抱著這種非黑即白的思考、以偏概全地面對人生，就越容易讓你忽略生命應該是個完整的圓。也因為**生命其實是圓，遇到困境時，都一定有辦法從不同面向切入。**

對，人生不是只有念書而已。然而，你也許會忿忿不平地說，我都已經從小到大被升學主義給「洗腦」慣了，現在突然叫我換腦袋，根本天方夜譚啊！

我明白你的無奈，在現行主流社會觀念裡，總習慣忽略成績或成就以外的事情。但像是「交朋友」和「談戀愛」等人際溝通能力和技巧，都需要逐漸練習而成，這些都不會是等到你十八歲生日一過，或者一搬進大學宿舍，就奇蹟似地理所當然學會了的事情。接下來，我想要和你分享一個能幫助你突破這種思維困境的小練習。

正視自我生命的完整性

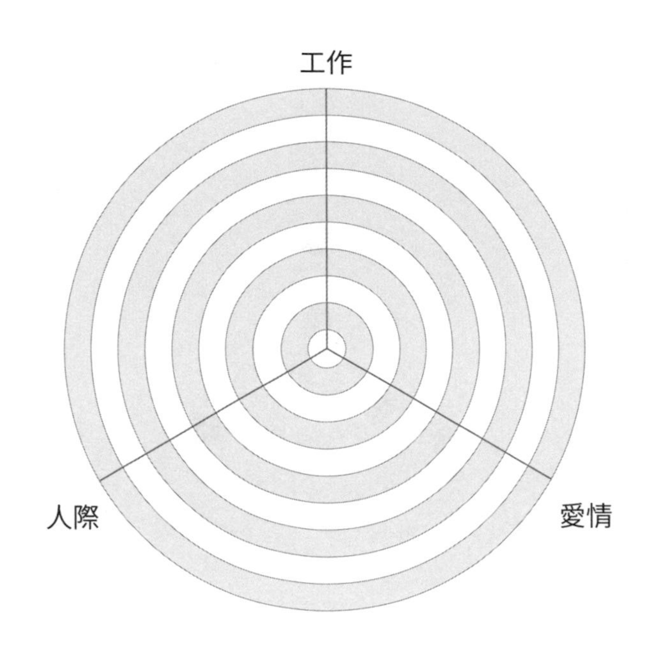

諮商過程中，我拿出一張雷達圖，請曉陽在這三個面向為現在的自己評分。

在這張圖中，你可以把每一格當1分，中心代表0，越往外分數越高。當你覺得你在該面向的能力越好，便給自己的分數越高；反之，則越低。

我也請曉陽思考，如果將人生往後拉長，就設定畢業那一年好了，自己在這三個任務上，有沒有想調整的部分？

曉陽畫下了自己的答案（請見下一頁）。

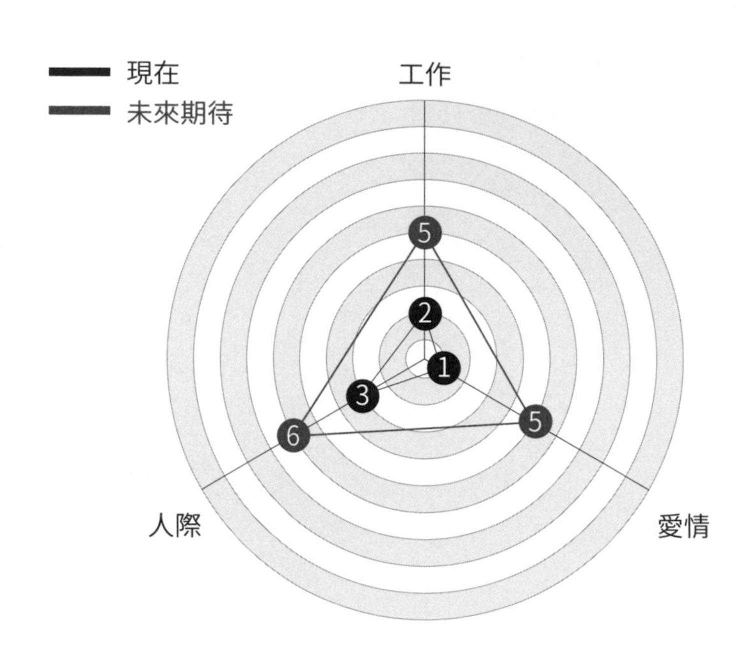

從這張圖可以看出來，現在的曉陽，不只對自己在「學業（工作）」的能力評價很低，就連在「人際合作」與「愛情關係」方面，也認為自己的分數不高。當我邀請他為未來標出期待目標時，他希望自己在每個能力上都能獲得增長，並且發展得更平衡。

那天，曉陽將雷達圖放在眼前時，他終於有機會看見自己生命的失衡。他露出一抹苦笑，因為他覺察了過去思考的僵局，**原來自己一直把生命看**

得太平面了。

「老師，我好像忘記我還有其他事情要努力了！」他這樣說。

當然，曉陽這一刻的覺察並不會帶來神奇的巨大改變，但已經足以讓他展開不同視野。改變的起始往往發生在細微鬆動之際，開始注意其他生活面向的整體平衡，才能避免以偏概全，也抑止災難化思維的蔓延。

你呢？對於整體生命全貌，能否也均衡看待？除了「學歷與學力」，請記得還要帶上「人際」和「愛情」這兩門學分。因為生活該是立體的圓。圓體的特性，就是從任何一個面向，都能協助我們走向核心。過去的你也許從未預備過「整體性的」練習，但從現在開始，絕對不會太晚！

生命任務的探索練習

1. 仔細看看這張雷達圖，對你來說，現階段的你在這三個面向上，會如何為自己評分？

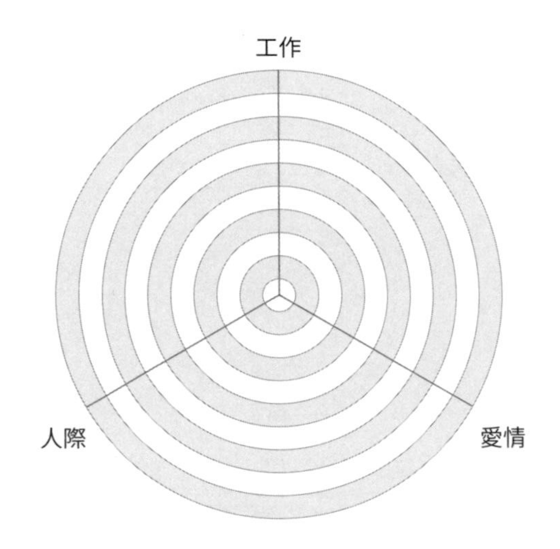

2. 注意看看此時的你，在每個任務上是保持均衡的發展？還是過度專注在一個面向？

3. 有沒有哪一個面向，是你希望在未來有所調整、增長的？

4. 對這樣的改變，現在開始你能採取哪些行動？哪些調整？

5. 更具體一點，從今天開始你可以怎麼做？
你也可以考慮利用下列的語句填空作為引導：

- 我在課業上，可以再多／少做的是：____________________
- 我在打工中，可以再多／少做的是：____________________
- 我在社團活動，可以再多／少做的是：____________________
- 在朋友相處裡，可以再多／少做的是：____________________
- 與父母的關係，可以再多／少做的是：____________________
- 與手足的關係，可以再多／少做的是：____________________
- 在戀愛關係裡，可以再多／少做的是：____________________

上述的這些引導，沒有標準答案，請記得，重點是讓你的生命可以「平衡發展」。

心理師給你的話

透過這個練習，希望你可以用更完整、不同的視野來看待所謂「人生目標」。當你能以整體性的概念來開始思考人生，就有能力跳脫僵化的思維及認知陷阱，不只看見現在的匱乏，更看見未來的可能。

練習全面性地思考，也會讓你知道，眼前的問題只是過程，並非是永恆的結果。

4 延畢或休學，我該如何面對廢物人生？

「當你的生活遇到瓶頸時，你知道該怎麼做嗎？繼續向前游就對了！」

——《海底總動員》

小練是掙扎在論文苦海裡的研究生，論文進度嚴重delay，遲遲無法畢業，於是每次都用「技術性」的方式延長休學年限。不知不覺，竟從研二讀到了研五。

「我根本把研究所當作是醫學系在讀，念完我都不知道幾歲了？」第一次來找我的時候，即將滿三十歲的小綀這樣半開玩笑地說。

起初的諮商歷程，我們討論過他在時間管理和生活規畫上「太隨心所欲」的問題。比如說，他某一天本來已經和學長約好了要討論論文內容，卻會因為接到社團同學的電話，趕去支援「野生貓咪救援」而取消約定。又或者，他幫自己規畫好要專注閱讀期刊的那一週，又因為拒絕不了室友委託，跑去偏鄉擔任志工。

如同在小園案例裡提到的「人生雜耍」，小綀在後期寫論文的階段中，總花了好多力氣泡在這些「非主要目標」的事務上。雖然這些「雜耍」可以為他轉換部分壓力，但過度專注於外務，卻讓他更困在僵局之中。

小綀眼看身旁同學一個個完成論文、離開學校，他要面對的則是自己原地踏步的焦慮感，卻又沒有動力「起而行」完成論文。可想而知，他的學生生涯只能一延再延，焦慮感益發蔓延。

「都已經 XX 歲了，還沒有 XXX！」

當我們面對生命的延宕或停滯不前，內在會充滿高度衝突和不安，越不安，就越會自我苛責眼前的「一事無成」。而隨著時間流逝，對時間的緊迫感與焦慮就越加強烈，卻又更沒有動力和勇氣打破困境，如此形成一個惡性循環。

不知道你身邊有沒有這樣的朋友？他們總反覆嚷著「我已經大三了，還不知道未來要做什麼？」「都已經滿二十歲了，還是母胎單身！」「都快畢業了，還沒有任何實習經驗。」或者你甚至聽過這個前陣子非常火紅，造成大家高度討論，還被拿來當作日劇題材的都市傳說：三十歲前還保有童貞的話，就會成為魔法師……

那是一種好似總有一個「年限」在等著，超過了就會發生糟糕事的高度焦慮。但你有想過嗎，到底是誰設下這個「大限」？而你真的說得出來，超過時限究竟會怎麼樣嗎？具體來講，又會發生什麼恐怖的事？

其實，這都是你自己在心中設下的「虛擬大限」在作祟。它就像是心中的警報器，越接近時限就越嗶嗶作響。要破除這個虛擬的門檻，首先要認知到這種恐懼與焦慮，源自於自己的認知限制。

我們先將視角拉回小練身上。幾次談話後，我邀請小練做一個活動，稱為「**生命軸線**」。

只要時間在走，人生就不會是虛擲

這個練習很簡單，步驟如下：

1. 先在紙上畫出一條橫線，代表你的生命軸線。
2. 橫線的起始點，標上出生的年份，寫上0歲。
3. 線的尾端，標記出比較遙遠的未來的某個階段，可能是60歲或70歲。但要強調，這個年紀不代表生命的終點，它代表離目前的人生較遠的年紀。

4. 再依照適當的比例，在橫線的中間標記出「現在」的年紀。

5. 接著，專注在生命軸線的前半段，用幾個不同的顏色，將生命每個階段中，發生的重要事件與呼應年紀逐一標上。

6. 可以正面事件用一個顏色，負面用另一個顏色。任何事件都可以寫下，不論是開心或難過，只要是對自己有意義的事件都要標上。例如：小學畢業、國中畢業、初戀、分手、第一次離開家裡到外地念書、重考等。

這個練習，是將自己的生命樣態更具體地「**視覺化**」，有助於我們歸納、盤點自己的生命歷程，也能更客觀地看待這段經歷，使你不會侷限在某個負面的關卡裡。

為何我會建議小練做這個活動？他的認知偏誤是「**負面過濾思考**」。所謂的「負面過濾思考」，是另一種當人在低潮或遇到挫折時，經常發生的認知偏誤，會將焦點幾乎都放在負面的事上。而另一個與此經常一起出現的，是「忽視正面事物」，即認定自己身上沒有任何好事或優點可言。

出生
現在
未來
0 歲
20 歲＋
70 歲

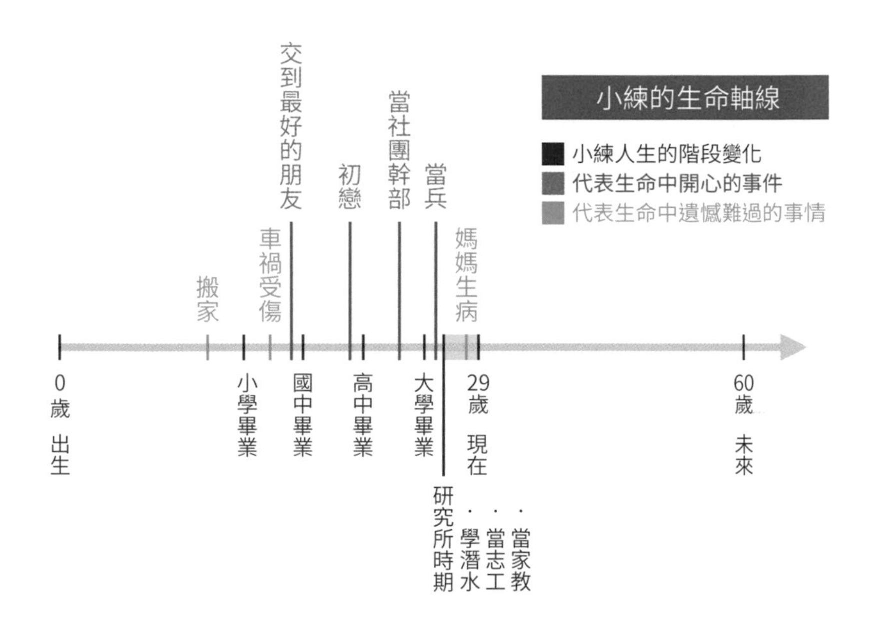
小練的生命軸線
小練人生的階段變化
代表生命中開心的事件
代表生命中遺憾難過的事情
搬家
車禍受傷
交到最好的朋友
初戀
當社團幹部
當兵
媽媽生病
0歲 出生
小學畢業
國中畢業
高中畢業
大學畢業
研究所時期
29歲 現在
．學潛水
．當志工
．當家教
60歲 未來

這幾年的不動如山，讓小練彷彿戴上了「我一事無成」的過濾眼鏡。這眼鏡鑲得很扎實，任何「不那麼一事無成」的生活經驗，都沒法穿透這個眼鏡進到小練的眼裡。他糾結在某一個點，看不見生命的整體性，以及生活的其他面向，例如人際關係、情感經營、其他工作表現等。

過程中，我請小練慢慢回想，寫下自己的各種大小事。不論再小的事，就算跟研究沒關係，都要寫下。慢慢地，小練的時間線在我眼前變得豐富起來，包括他學潛水、考教練執照、因為照顧住院的媽媽而搬回家半年、幫指導教授完成計畫、到偏鄉帶領暑期營隊、參與救貓行動……等等。

突然他抬起頭，說：「老師，怎麼研究所這五年看起來雖然都是在做所謂的雜事，但也不是真的完全空白。原來我也是有東西可以寫嘛！」他搔搔頭，有種恍然大悟的驚訝。

「還有呢？你還發現了什麼？」我繼續問他。

「我標出的研究所階段，剛剛忽然一比較，就發現在整段生命軸線裡，占的比例也沒有那麼大。就是……我原本一直覺得自己空白了五年，好像很虛度光陰，但如果把這五年跟全部的人生相比，好像連十分之一都不到……」此時，小練的聲音變得很輕，有些沒有底氣，沒什麼信心，那是一種「原來我可以用這種角度看自己，真的嗎？」的不確定感。

這代表了他正在經歷對自己生命視野的「脫框」。在將生命視覺化的過程中，小練慢慢地退去了他的濾鏡。自己一直以來以為的空白時光，原來並不空白，更不是生命的全部。

你也可以試著用生命軸線的練習，去檢視你的人生，你才有機會看到，**生命總會用各種方式留下痕跡，而那些挫折、你以為虛擲的光陰，其實在生命的馬拉松裡，不過就只占據了一時片刻的光景。**這個練習能夠幫助你調整心態，不再過度糾結眼前的問題，也學著不要因為「虛擬時限」的追趕而焦慮不安。

此時的空白，只是按下暫停鍵

回到諮商室裡，我指著這條線的後端，也就是那些暫時沒有譜上任何東西的部分。我問小練：「如果從現在直接往下走，往後看看，你覺得你看到了什麼？」

意外地，他脫口說出這句話：「老師，好像這幾年我只是按下了一個暫停鍵。我停下來了。」

我有些驚喜小練的反應，但卻不感到意外，畢竟他過去從沒有機會好好看見不同的可能性。此刻的覺察，絕對是他改變的開端。透過這個「全面檢視」的生命軸線練習，小練更長遠的時間感被啟動了，而心中「大限警鈴」的聲音稍微減弱了。

然而，「生命軸線」這個活動，對許多人來說並不容易快速進入，因為在練習的過程中，有時要強迫自己去面對過往的一切。對小練來說，要他直視自己多年的空白，就像是有人拿著你空白的履歷在你面前揮舞，告訴你：「你就是一事無成！」這會讓人非常氣餒。

心裡知道是一回事，但實際「見證」自己的空白，又是另一回事。覺察之後，並不是每個人都能立即改變，我們仍可能對未來充滿不確定感及恐懼。但至少這個練習能讓你知道，我們都需要足夠的時間停下來，用不逃避的態度，好好面對、消化自己的人生。

會談結束時，小練帥氣地甩上他的後背包，我們彼此道別，接著他步出諮商室。那日他的步伐，看起來比以往更為堅定有力。望著他的背影，我知道他曾按下的暫停鍵，此刻悄悄地鬆開了。他的人生緩緩啟動，雖然現在的覺察只是起頭，後續的調整、挑戰還在等著他，但至少我看見在這個曾經無法流動的水池裡，他心靈的幫浦已經跳動起來，新的水流與氧氣已緩緩注入。

有時候，人生感覺停滯、浪費，好像遲遲無法往下走，是因為你過度聚焦在自己的失落裡，而忽略了未來的可能。當我們願意將眼光望向未來，才有機會覺察此時的失望、挫折，不過是整體生命裡的一段時光，進而能夠去接納自己的空白。有時，人生只是此刻按下暫停鍵，只要不放棄，隨時都有機會開始。

「你會活到幾歲？」——翻轉思維的練習

你也常覺得自己的生命卡住了嗎？或一直以來好像很廢，覺得自己在虛擲光陰？

現代社會很著急，凡事都求快、求有又求好，於是你看到身旁的朋友一個個走在「人生正軌」，感覺到自己落後了，人生都在浪費。

如果你也卡在這個「虛擬大限」裡，我想先問你：

「你覺得自己會活到幾歲？ 60 ？ 70 ？ 80 ？ 90 ？」

根據內政部的統計，臺灣人平均壽命是 80 歲。所以，距離你的生命終結，客觀來說還會有多少年？

這個話題，不是要觸你霉頭，而是想讓你能以更客觀的視野，看見真實的生命全程。就算自己倒霉一點，只活到 60 歲好了，目前的你在生命的哪個階段？三分之一？一半？還是剛超過一半一點點？

如果是這樣，生活還有什麼「大限」可言？

你不妨也試試生命軸線的練習，除了回顧過去，也試著思考自己想為生命軸線後端，那段尚未確定的空白，譜上什麼？

更延伸的反思，可以問問自己這些問題：

- 「我現在所面對的困境，困擾我多久了？它又占據了生命多少比例？」
- 「如果可以搭時光機飛到未來，可能是五年、十年後，到一個眼下困境已經被解決的時間點，未來的我會怎麼看待現在的情況？他又會給現在的我什麼建議？」
- 以「未來的自己」的立場，為現在的自己寫下一些具體的建議。這些建議不需要很宏大，重點是要「具體」，也是現階段可執行的步驟。
- 如果可以，找一個能信賴的人聽你聊聊自己的生命軸線與未來計畫。透過另一個人的視野，更有機會好好幫自己「脫框」。

心理師給你的話

生命的改變本來就不會是一蹴可幾，直視生命的空白，更需要一些勇氣。有時覺得人生好廢，其實是你被自己訂下的虛擬年限所蒙蔽了。

人生的時光沒有真正的「浪費」，現階段的空白不妨看成是你「適度的累積留白」，你的空白也會在將來有意義（只是你現在可能還不知道那是什麼），也就是所謂的「無用而用」。

人生沒有「廢」，雖然表面上沒有做任何事，但也被你用來「放過自己」，不是嗎？

Part II

人際

交朋友與談戀愛，解鎖你的內建技能

5

我很努力跟大家做朋友，卻默默成了系邊？

「罐頭是在一八一〇年發明出來的，而開罐器卻在一八五八年才被發明出來。很奇怪吧？可是，有時候就是這樣的。重要的東西有時候也會遲來一步。」

——日劇《最棒的離婚》

「到底要怎麼做才會被喜歡？才能有好人緣？」苦惱的阿茂在諮商室這樣問我。

阿茂，大學新鮮人，根據他的描述，自己從小就內向、害羞。上大學以後，更經常覺得困在一種「格格不入」的感覺裡，很難融入同學的群組中。他總覺得自己和別人不一樣，班上許多同學都來自大城市，打扮時髦、充滿自信，與人談話自然，相處時好像都知道自己該說什麼、該怎麼說。如果人與人交談是一種「拋球與接球」的互動，那他就是那個拋出了球後，球就會直接「砰！」一聲砸在地上，在空氣中被「已讀不回」。

阿茂也不是沒有朋友，高中時有幾位可以談心的對象，但畢業後各奔東西，現在只會在網路上偶爾彼此問候，大家互相聯絡的機會越來越少。上了大學後，對於無法融入群體的困擾，他也很努力想找到方法解決，無奈就是節節挫敗，與人相處越來越不自在。

「我上大學之後，每次跟同學說話前都會非常緊張，有時候還得在心裡練習好多次，甚至前一天就會開始排練，預備隔天要說的話題。」

交友的焦慮讓阿茂非常挫折，因為就算事先演練，結果卻仍是時好時壞，讓他更找不到依循的準則。到底怎麼做才能融入大家？他一直不得其法。於是每當需要在同學面前說話時，阿茂都會反覆擔憂：「這句話說了，會不會讓人覺得我很蠢？他們是不是把我當空氣？」

後來，阿茂就乾脆不主動說話了。他感覺自己是隱形人，是「系邊」。

我不要變「系邊」！

IG、臉書，被同學按讚了嗎？他們有tag我嗎？Line、messenger 已讀了嗎？他們是多久後才回我的呢？課程討論分組的時候，有人會主動找我嗎？他們打線上遊戲、出去夜唱，會記得約我嗎？上次請某個同學喝飲料，他為什麼都沒有主動回請我？

在大學裡，人人都怕變成「系邊」（系所邊緣人），因為這些與人的互動方式，成了大家評估友誼能力的指標。

曾經有一段時間，我也深陷於這種「努力想知道別人是否在意我」的焦慮裡。隨著社交軟體五花八門，我每天都花好幾個小時掛在線上，看著自己的按讚數、追蹤數，也慌張地想追隨別人。看見別人的留言數越來越多，我就更心慌。

這種害怕被遺忘、被邊緣化的恐懼，即使跨年齡層也是相當普遍存在的現象。只是，在人際關係被格外重視的大學裡，這顯得特別重要，畢竟人際關係是人生中永恆的課題。

越是在意，我們往往就越容易陷入焦慮，也越努力想要改善這個狀況。然而，為何認真努力喊著「我想要交朋友」並積極行動的你，依然覺得自己交不到朋友？

要怎麼收穫得先那麼栽？我們都誤會了「交往」這件事

從小到大，師長總這樣告訴你：幾分耕耘幾分收穫，想要有好的回報，你就必須先付出努力。但這樣的信念在生活裡並非全盤適用；至少，在人際往來上，這樣的思維就很難完全套用！

「交往」顧名思義就是「在兩個人以上」的關係裡互動，彼此分享交流、相互連結。然而，人與人的互動不是靠單方面的努力就會有結果的，這是一個需要雙方都共同努力、付出、彼此投入關係的過程。

你想營造好的人際互動，覺得可以靠認真「練習」來改變，**但人際關係不是單純「投資和報酬」這樣的因果**。喜歡、不喜歡，是個人主觀的感受，一個人單方面的努力，也不一定會獲得他人採納，因此，就算別人不喜歡我們，也未必全然都是自己的問題。

若你太相信「努力必然獲得回報」，並帶著這樣的信念在經營人際關係，後果就是一旦遇到挫折和衝突，就容易覺得一切都是自己的問題，甚至過度自我苛責、自我批判。當挫敗感節節高升，就更容易傷害自信。

換言之，**如果你是人際相處中越容易過度歸因內在的人，就越容易將友誼的成敗，轉化成自我價值的表現**。

在人際關係中過度在意，是因為不夠信賴自己和別人

曾經有一陣子我很努力想獲得別人認同，一直糾結在「按讚數」這件

事。後來我發現那是一種想「自我證明」的心態，我想透過「別人的正向回應」來確定自己沒有被邊緣化。**這其實是因為我不夠相信自己有資格在他人心中留下位置。**

簡單來說，我是自卑的。

我的自卑心境讓我在心裡假定自己沒有資格被喜歡、被認同，所以我「努力」透過人際關係來找尋自我價值。這樣的行為模式不只是因為「怕別人不喜歡我」，**根本上其實是「我不夠喜歡自己」，才會想靠外在的量化表現來舒緩人際焦慮。**

同樣地，這樣的行為模式也反映了我對他人的不信任。

阿德勒曾經在演講時這麼說：「難以在公眾場合暢所欲言的人，是因為**他們把聽眾都當成了敵人。**」

第一次聽到這個說法的時候，我覺得非常不可思議。我們想被喜歡都來不及了，怎麼可能把別人當作敵人？但這很有可能是我們一直沒有看清楚的事實。

「其實，我每次在說話的時候，都覺得別人在幫我打分數。」這是阿茂的真實心聲。

而你是不是也跟他有一樣的感受？在與他人互動時會不由自主地認為，對方隨時都在對你打分數，如果說對了話，就加分按讚，說錯了，就扣分倒讚。

這種心境會讓你隨時都處在備戰狀態，你把周遭的人都視為敵人，覺得他們時時刻刻都在用一種上對下的姿態來評價自己。

長期處於這種心態會使你緊繃，無法自在放鬆。**這一切正是因為你潛意識裡沒有辦法信任別人。**在這種狀況下，怎麼可能好好說話？又怎麼可能自在表達？就像案例中的阿茂一樣。

信賴，是鬆動人際焦慮的關鍵

說話，是一種社會連結的展現。當你願意相信他人對自己沒有惡意，也**願意相信自己的訊息能夠有效傳達，自然會降低在人際互動時的焦慮。**

曾有朋友這樣建議我，若想要化解在別人面前說話時感到焦慮的情況，不妨想著**「自己正在送一份禮物給對方」**，想著自己能為對方提供什麼？而不是過度擔心別人會怎麼看待自己。不去煩惱自己該怎麼表演才是最好的，而是思考自己該如何精確地傳遞這份禮物，自然就不會把周遭的人都當作敵人，而失去了信任他人的能力。

當你對對方有足夠的信賴，自然就能送出適切的禮物，更不會煩惱你送的禮物他會不會喜歡？誠如阿德勒所說：「一個人唯有在信任自己與臺下聽眾時，才能好好說話，也唯有此時，他才不會怯場。」

相信自己有能力為他人送上合宜的禮物，也相信別人不會隨時批評我們，自然就能化解我們在人際中的過度緊張。最重要的是，**就算在互動的**

當下，他人的反應不如你的預期，那也不代表你沒有令別人喜歡的資格。

打開你的世界，走到更寬廣的宇宙

有一句話說：「你認識別人的深度，不會超過認識自己的深度；而你接納他人的廣度，也不會大過你接納自己的廣度。」要能交到體己的朋友，第一個關鍵在於「你對自己夠不夠認識？是否清楚自己在人際互動上的習慣？」於是在諮商的時候，我跟阿茂花了一些時間，盤點他對「交朋友」的定義和期待，同時也鼓勵他允許自己探索不同的交友圈，而不一定把「現在的團體」視為絕對的互動團體，並先去找到自己喜歡的事情，讓自己投入。

到了下學期，阿茂也找到自己喜歡的社團，雖然不是主流社團，但他在那裡獲得了一群志同道合的夥伴。對阿茂來說，加入這個社團的初衷，並不是為了交朋友，而是這個社團的活動本身符合他的興趣，且他也願意投入時間參與。

阿茂不再執著於「努力」交朋友這件事，而是找到一件自己願意也想專注投入的事物。**他在投入的過程中，產生了踏實感與成就感，也自然而然和一群能共享興趣的同好成為朋友，從中找到支持與連結彼此的事物。**

注意到了嗎？有時候人際交往得花時間去醞釀，因為急躁的時候，我們往往會失去自己真實的樣貌，讓自己卡在「系邊」的擔憂裡，也就越不得其法。

有時候你覺得自己是「系邊」，可能是因為你的視野還不夠廣，將「邊界」劃分得太小。大學課程模式不同於過往，從小學到高中的上課方式，都是讓你幾乎整天和同學待在一起，自然有許多時間堆積互動經驗，累積人際關係。然而，大學的自由選課型態，難免削弱了與同學朝夕相處的機會；但換個角度想，這樣的彈性代表我們可以更自由地穿梭於不同社團、課程和班級，增加認識「不同人際圈圈」的機會。

當然，也有可能怎麼樣都找不到契合的朋友，但那不一定是你個人單方面的問題，可能只是你的特質暫時與那個環境或文化不投緣而已。

當你落入「我為何交不到朋友？」的焦慮時，可以看看以下幾點建議：

- **先對自己有足夠認識**：好好了解自己的個性，能幫助你明白自己在什麼樣的團體或人群中才會感到自在，而不把自己放在不適合的位置。例如：有人喜歡一次認識很多人，大團體的交友模式讓他感到自在；但有些人喜歡與少數朋友進行深入交流。這些並無優劣好壞，只有適不適合。
- **別過度糾結**：與其關注在「交到朋友」這件事，不妨先找到一件你喜歡的事投入，反而更能自然而然交到有相同興趣的朋友。
- **擴大現在的社交圈**：眼前的交友圈不是你唯一的社交圈，覺得這裡不適合你，就往不同的地方去找。
- **允許時間發酵**：時間是很神奇的，曾經很好的朋友，可能漸漸就不再聯繫了；同樣地，現在不熟的朋友，也許有天能成為交心好友，一切都需要時間來醞釀，因此你也不必太過著急。

世界上有七十多億人口，總會有你自在舒適的位置。此時你生活圈接觸到的同儕群體，不等於宇宙的全貌。系邊又怎樣？當你願意放寬心信賴自己，也試著相信周圍的人，自然就有能力將自己的框架打開，看見更加寬廣的世界。

給交友焦慮者的 TIPS

1. 好好認識自己：理解自己的個性，找出自己的喜惡、擅長和不擅長的事物，探索自己感到自在的交友情境。如此一來，就比較不會人云亦云，讓自己戴上痛苦的社交面具。

2. 從非語言開始：一個簡單的微笑、一個友善的點頭致意，都是人與人非語言的聯繫。跟新朋友相處，哪怕一時半刻沒有共同的話題，這些非語言的表現，能讓交流有一個友善的開始。

3. 主動給予幫助：主動搭話很難，我懂！但在他人遇到困擾時，主動給予幫助，例如：主動告訴遲到的同學，老師剛剛交代了什麼作業，都能深化人際之間的信任。

4. 擴大框架：你覺得自己是系邊，可能是因為你把交友框框限縮了。在同系交不到朋友，可能反而在社團更自在？在校內覺得沒有歸屬，那就往校外尋找。

5. 千萬不要急：交朋友最怕急躁亂了腳。別讓你的心急適得其反，反而造成他人過度的壓力。

6. 量變帶來質變：別小看練習的力量！你不是第一次試著交朋友，更不會是最後一次，哪怕搞砸了，也要告訴自己：還有很多次練習的機會。每一次的嘗試都會帶來滾動式修正，最終你一定能找到最自在舒服的互動方式。

7. 相信自己：別自己嚇自己，不要認為別人反應不夠熱烈，就是他討厭你。也許對方是個慢熱的人，也許對方感到緊張不安。不必把他人的反應都歸咎於自己。

心理師給你的話

我們的主流社會很討厭，總是鼓勵「能言善道、侃侃而談」的領頭羊，於是你也很努力想讓自己成為那個「不需太用力，就能發光的人」。但是，這樣的你，真的是你嗎？也許你生性害羞內向，也許比起說話你更善於傾聽，而在每個群體裡，都需要各式各樣的人存在。那些「領導者」也得有幕僚和支持者，才能完成了不起的事，不是嗎？

請你記得，在人群中你一定有屬於自己的位置、有你可以貢獻的地方。擁有一位真心欣賞你、明白你價值的朋友，絕對勝過於因焦慮而胡亂結交一群不適合自己的朋友。當你願意認識自己並相信他人，正向的交友經驗一定就會產生！

6

溝通好難，到底要怎麼好好說話？

「你該不會以為自己是善於傾聽的類型吧？」
「你其實對別人不感興趣吧！」

——日劇《凪的新生活》

卡通櫻桃小丸子裡，有一個這樣的角色「丸尾」，在班上一向熱心助人，成績優異，而且還是個萬年班長。但如此品學兼優的他在班上卻不怎麼受歡迎，因為他雖然有著不傷害別人的善良，但總喜歡以領導人姿態出現，指使或監管同學的工作。如果班上有同學正在問彼此問題，他就會跳出來「插嘴搶答」，自顧自地講出自己的推理和分析，說完後也不管別人是否認同，就得意洋洋地補上一句：「我說的沒錯吧！」是個給人壓力，也很惹人厭的角色。

丸尾讓我聯想到來諮商的一位學生，小平。他為人古道熱腸，非常熱心且熱情，說話速度極快，手腳俐落，做起事來很有效率。每次請他幫忙，總能不負所託。但小平有個缺點，跟他對話時，總是說到一半就會被打斷。他只說自己想說的話，很少等別人好好把話講完。

我觀察過他和同學間的互動，一開始受他幫忙、親近他的人很多；一旦熟悉後，就會慢慢跟他保持距離，或者疏遠他。

小平不是沒有感受到，只是他不太明白大家跟他保持距離的原因。他常常為自己抱不平，甚至覺得同學們都很「自私」，接近他都是為了利用他而已。一旦利用完了，就一腳把他踢開。

問題出在溝通方式？

你察覺到小平的問題出在哪裡了嗎？或者，你也覺得似曾相似，和小平抱有同樣的疑惑？

「我想介紹你幾種不同的溝通方式，你要不要分析看看同學和自己，大多都是用哪種方式在互動、說話的？」第三次諮商時，我這樣問小平。

「想像你正在做自己的事情，突然有同學來找你，抱怨自己作業太多做不完，感覺快要瘋了。他看起來狀況真的不太好，下面哪一種回應，比較接近你的風格？」

Ⓐ：「天啊！怎麼這麼慘？有哪些作業？要不要我借你抄比較快？不然我幫你寫一點？」

Ⓑ：「我就知道你是這樣！之前就看你一直在玩傳說，早就知道你做不完了。明明提醒過你了，你都不聽。我才不管你，自己想辦法啦！」

Ⓒ：「喔⋯⋯真的好慘，不然⋯⋯先不要想啦，我陪你去打籃球再說啦！」

Ⓓ：「我其實之前有觀察過，真的覺得你的問題就是時間管理能力太差，但這也不是沒辦法解決啦，你列一下沒做完的事情還有多少。好好規畫一下，應該可以如期完成。」

小平想了想，說：「嗯，可能D比較接近我吧！要幫他解決問題啊，前面三種，根本幫不了。」

我回答：「確實，你給的建議真的很具體，又能立刻幫助他。但有沒有一種可能，這個同學當下只是想抱怨一下，討討拍而已？你給了他這麼有建設性的分析和建議，如果他只是訴苦而已，你覺得他會聽下去嗎？」於是，小平陷入了沉思。

薩提爾的四種溝通型態

上述的這四種說話模式，是薩提爾理論所提出的四種基本溝通姿態，分別是：討好型、指責型、打岔型，以及超理智。簡單來說，根據每個人內在想滿足的渴望不同，就會呈現不同的對應風格。

Ⓐ討好型：「都是我不好！」

討好型的人行事作風力求以和為貴，總是希望別人開心，自己才能滿足，至於發生的問題本身能不能解決，往往會被排序到後面。於是就很容易落入想為別人的情緒負責、討好別人、委曲求全的樣子。

Ⓑ指責型：「都是你的錯！」

指責型遇到事情比較容易以責怪的方式來回應，很容易用命令或責備的口氣來探究事情，有時會忽略了該專注在問題解決，而非一味責怪。因此跟指責型的人對話，會容易感覺到「他對、我錯」的心情，也容易造成關係破壞。

Ⓒ打岔型：「我不知道啦！總之別說這個了，先去打一局傳說再說！」

打岔型在面對事情時容易落入「顧左右而言他」或「事不關己」的表現，他們往往不擅於處理對方和自己的心情，更不會直接面對問題。於是也可能用「跳Tone、搞笑」這樣的反應，來逃避當下該處理的情境。

Ⓓ超理智：「根據我的分析，你會這樣就是因為……」

超理智的說話方式，總給人一種「愛說教」的老學究態度。習慣性以邏輯來分析遇到的事情，比起聆聽者個人感受，他們往往更在意事情有沒有被好好解決。因此，和超理智型態的人溝通，就容易有種被說教的感覺，往往沒有得到足夠的關心。

事實上，人的行為本身並沒有絕對的好壞對錯，這四種說話風格的模式在不同的情境，也能為彼此帶來順利的溝通。

討**好**型的溝通方式，其實尋求的是在關係裡的安全感。如果適度地運用，可以保護溝通對象並協助扛責，進而為雙方的關係帶來舒適。

指責型的溝通方式，能帶來自我保護。讓你不必受到責備，也不會過度自我批判，將不屬於自己的問題還給對方。

打岔型的溝通方式，可能是一種迴避壓力時，彈性因應的有效策略。在關係中不指責他人，也無需批判自己，雖然當下無法解決問題，卻可以讓雙方的關係舒緩，化解緊張尷尬。

超理智的溝通方式，可以解決困境或問題，也沒有人會因為受到批評而受傷，說話的人更無需掉進自己的情緒，而感到安全。

每種溝通方式也都有它正向的部分，「討好」是想關懷人心的溫暖，「指責」是看清問題點的果斷，「打岔」能用創意與彈性舒緩壓力，而「超理智」是一種運用理性的解決方式。

不論哪種溝通姿態，都要練習貼近人心

我們再回到小平的故事，看到這裡你應該已經明白，朋友疏遠他的原因，從來就不是他不夠好，而是他往往只在意自己，只想談自己有興趣的部分，並沒有顧慮到他人的感受。要解決小平的問題，**關鍵在於營造「有效傾聽」，對別人產生真正的興趣，才能為互動加分。**

小平的問題是不管遇到什麼情境，都一律使用「超理智」的溝通方式。我提醒他，在面對問題時，別急著下斷語，先關注在對方的感受上，體察對方的需求，注意事件對這個人的「衝擊」，而不是事件本身。也只有這樣做，才能有效將解決問題的責任還給對方，不過度承擔，也不會失去與人連結。

要能有效溝通，薩提爾建議要使用「**一致型**」的表達方式，這是能為我們帶來為健康、不傷害他人也不委屈自己，同時兼顧場域需求，將目標放在問題解決的說話模式。

一致型的溝通句式：「你感覺很……，我也覺得……，我們可以怎麼一起解決？」

我們用上面「同學抱怨作業」的例子來舉例，一致型的說法可能是：「感覺你很擔心自己的作業做不完誒，我也替你緊張起來了，不然我們來看看有什麼方式可以一起處理的？」

要能做到一致型的溝通，需要你對他人與自己的感受都有足夠的體察，在知道彼此的立場之後，說出雙方都自在的建議。對方若過度要求你，你也能明白界線，不過度扛責；而對方不需要你的幫助時，你也能給予尊重，傾聽接納即可。下一篇會談到「我們訊息」的概念，也會有更具體的操作步驟。

一開始，你需要先練習覺察自己的溝通風格，你可以在下一頁找到相關的練習。根據你列出的情境事件，試著寫出你最直覺的回應方式，接著推敲看看，聽到的人可能會有什麼感覺？

這個換位思考的練習，除了能協助你辨識出自己的溝通風格，也能幫助你找出溝通的癥結點，並反思有沒有更好的做法。讓你在往後與人溝通時，不但覺得舒適，更能顧及他人感受，創造雙方共好的人際關係。

你是哪種溝通風格？覺察與調整的練習

事件：____________________
（例如：跟朋友約好了時間，他卻讓你等了一個小時）

↓

我的感覺會是：

____

我通常會說：

____

這種溝通姿態像是（請對照第 98-99 頁的溝通型態說明）：

____

↓

對方聽到後，他的感覺可能是：

____

於是他可能的回應是：

____

想法：____________________

情緒：____________________

行為：____________________

↓

這樣的結局是我想要的嗎？如果不是，我可以怎麼調整？

行為：＿＿＿＿＿＿＿＿＿＿＿＿＿＿＿＿

說法：＿＿＿＿＿＿＿＿＿＿＿＿＿＿＿＿

↓

這樣的作為有兼顧自己與他人，並照顧到當下情境的需求嗎？
如果可以，我還可以再調整些什麼？

＿＿＿＿＿＿＿＿＿＿＿＿＿＿＿＿＿＿＿＿

心理師給你的話

「人際關係」一直以來就是難解的課題，總讓人在「照顧自己」和「照顧別人」之間抉擇。但健康的人際關係是在互動中不感到委屈，卻依然存有對他人的關心。在一段關係裡，信賴對方、願意傾聽他人的需求，才有機會產生友善的連結。而要與人良好溝通，不是只說自己想說的，還要聽懂對方想表達的。在溝通中「平衡」彼此需求，才能建立良好且長久的關係。

7 明知道他／她是個爛人，但為什麼我就是不想分手？

「留下傷痕也是好事，等你獲得幸福之後，
再回想起來就會覺得好笑，原來自己也曾經那麼傻過。」

——日劇《溫柔時光》

小雀懷疑男友劈腿已經很久了，於是傷心地來找我。所有同學都勸她要理智看待，直接放生男友，而且許多證據都顯示小雀的男友是偷吃慣犯，但她還是不願意放棄這段感情，更害怕直接和對方攤牌。

小雀說：「大家都說他是對不起我，但我沒有親眼看到，他也沒有親口承認，我就是不想相信！」

兩人從高中便認識，小雀用情至深，總是用心經營所有的紀念日。交往將近三年，她對彼此相處過程的細節如數家珍。但每次我和她一談到男友令人懷疑的行為時，小雀又會顧左右而言他，想逃避男友傷害她的事實。

與小雀談話一段時間後，我感受到她心中其實很清楚男友的行為，尤其是他越來越明目張膽，幾乎毫不遮掩。

「老師，我也知道我很笨，因為他現在已經不是偷吃，而是光明正大地吃了。但我還是不敢直接問他，我好怕如果我說破了，他就會真的離開我，那我該怎麼辦？」

愛情，是打散之後再拼湊出自己

在愛情中尋找自己，是我們這一生的重要課題，但在愛情中該如何投入？又該怎麼拿捏投入的程度？這些往往是人們想釐清的問題。大學生涯裡，因為愛情而感到困惑、迷惘的人自然也不少。

喜歡一個人是美好的，愛情是一趟自我統整的奇幻之旅。因為和對方有正向的情感連結，你會想靠近、想追逐對方。藉由追逐與靠近的過程，我們模仿也吸收所有關於對方的一切，接著轉化成自己的一部分。在這個過程，我們保有一部分的自己，又改變了一部分的自己，於是喜歡一個人，就像是不斷變成碎片，散落一地後又慢慢重組整合，接著在與對方持續的互動經驗中，將自己再打破，又再重新連結。這個過程就像是在混亂變動中，又緩緩地前進；你會充滿不安，但同時又著迷不已。

喜歡一個人，是讓你慢慢變成接近對方的樣子，也慢慢變成自己不熟悉的樣子。在愛裡，我們體驗「愛人與被愛」、「重視他人也被重視」、「需要他人也被需要」，我們對自己的概念會在關係裡緩緩調整。於是，最熟悉的陌生人，是自己也是別人，因為在愛裡，我們會逐步將對方納入自己的生命裡。這也是為什麼，愛情，是人們在整合自我概念中很重要的影響元素之一。

然而，**人和人只要建立關係，就無法避免互相傷害。**我知道這聽起來有些殘忍，但只要是人，就會有碰撞、有磨合，也有意見分歧而撕裂的時刻。不論是刻意還是無意，建立關係就有受傷的風險，友誼如此，愛情更是！尤其當你越是認真地投入，遇到撕裂與傷害時，鐵定越痛。

而當你在愛情裡受了傷，就會開始自我懷疑，那種感覺就像是你撕裂了與自己的關係。但這也不全然是壞事，因為你會開始思考，自己到底是什麼樣的人？想要什麼樣的關係？適度的掙扎，能幫助你好好檢視自己的內心。然而也有一種反應，是受了傷之後把責任都歸咎於自己，或害怕對方離開，於是變得低聲下氣、唯唯諾諾。

關係裡的低聲下氣，是忘記把自己放在和對方一樣的高度

愛情本是千古難題，「上了大學，就該好好談個戀愛」這樣的念頭，也許使你更加渴望在愛情裡成功！然而，這也讓你更容易迷失在裡頭，千迴百轉找不到出口。

如同先前也提過的，臺灣的教育多半只告訴你，大學以前就是好好專心讀書，於是你可能到了大學才初嘗愛情的滋味，對感情當然格外珍視、保護。然而一旦過於患得患失，太害怕失去對方，便可能成為「討好者」，在關係中呈現卑微的姿態，一味順從對方。

曾有心理學者，將最早用來描述親子關係的「依附關係理論」，延伸解釋到情侶間的親密關係。依照情侶雙方之間的黏著度，可分為以下的三種類型：

- 安全依附型：在關係中感到自在安全，與伴侶間的距離保持親密但適當的距離，不會過分緊密，可以信賴彼此。而在與伴侶分開時，也不會感到害怕失控。
- 焦慮依附型：這類型的人，對於與伴侶之間的關係容易感到高度不安，無法信賴自己和伴侶，容易有過度緊密的需求。在感情中，可能成為「討好」或「追逐」的角色。他們的不安，來自害怕失去這段關係，因此容易緊緊抓著對方。

● **逃避依附型：**這類型的伴侶害怕過度親密的距離，於是在感情裡容易變成「疏離」或「逃跑」的角色。他們的不安，來自過度靠近的焦慮，因為一旦靠近了，就可能要面對失去的苦痛。

像是小雀的例子，男友都已經明目張膽地偷吃了，她卻因為害怕失去關係，而仍然選擇睜一隻眼、閉一隻眼，就如同焦慮依附者的情況，遲遲無法放手。

然而，我認為真正的愛情能保有安全依附的態度，應該是基於「平等」的重視與對待。**雙方都將自己和對方放在平等一致的位置，而不是誰應該對誰的幸福負責。**

試想你去打工的時候，如果有天老闆在沒有告知你的前提下，直接聘用新人，並且請你明天不要再來了，你會怎麼做？我猜你會為了保留尊嚴，直接轉頭走人，除非有特別的理由，你應該不太會低聲下氣懇求老闆讓你留下來，對嗎？

但為何換到感情裡，你卻會讓自己如此低聲下氣？我想告訴你，影響一段關係「幸福感」的因素很多，**但「平等合作」絕對是很重要的關鍵！**

回到諮商室裡，我和小雀花了不少時間，逐步釐清她與男友的關係。而此時最重要的是她需要先找到方法，幫她和男友產生平等的「**合作式對話**」。

不只有你也有我，營造合作的「我們訊息」七步驟

我想和你分享一個溝通技巧：「**我們訊息**」七步驟。這是一種符合一致型的溝通模式，也是我們在遇到人際困擾或衝突時，相當建議使用的方式。

「我們訊息」和傳統的「我訊息」有些不同，**它更將對話聚焦在「平等共好」的方向上，不偏頗任何一方，比較不會落入關係拉扯或情緒操弄。**

當然，並不是每次和別人互動都要這樣落落長講一堆，只是藉由這樣的練習，找回與人溝通時的平等姿態。在尊重別人的同時，也不委屈自己。

1. 描述情境：「剛剛發生了（事件）……」

具體說出發生什麼事情，盡量客觀中立地描述，而非主觀意見。

2. 同理對方：「我猜你感覺……」

推測對方的「可能感受」是什麼？說錯也沒有關係，重點是不要過度主觀，而是保有好奇心去猜，也允許對方不接受我們的猜測。

3. 推測對方需求：「是不是你想要……」

每種情緒的產生，都是因為有一個想達到的目標。說出對方可能想達到的目標或需求，能適度為對方聚焦於內心的想法。

4. 同理自己：「而我的心情是……」

每種情緒都很重要，自己的真實感受是什麼，也要委婉地說出來，這是為了協助對方明白我們的感受，而不是藉由情緒來控制、勒索對方。

5. 表達自我立場：「因為我想要……」

表達自己的期待，不是「要求」，而是「邀請」對方也能設身處地為我們思考心中想要達到的目標。

6.找到共同目標：「有沒有可能我們一起……」

在知曉對方與自己的想法及需求後，找到彼此都能接受（與退讓）的立場。重點是彼此的「共識」，而不是任何一方的委屈求全。

7.表達感謝：「謝謝你願意……也謝謝我自己願意……」

任何的合作，都是因為雙方願意退讓也願意付出。最後真心感謝彼此，可以強化雙方的意願。

我也承認，要找到合作共好的共識，沒有這麼簡單快速，因為合作不會永遠是Love and Peace。當你心中有傷、有恐懼或被其他情緒綑綁的時候，就會降低你與他人合作的意願。同樣地，當對方過度防備、拒絕溝通時，縱使你再同理他也沒有用。必須要雙方都有共好的意願，且在狀況良好時溝通，才有可能達到合作的結果。

失去愛情後，「我」就沒有價值了？

在小雀能勇敢做到「我們訊息」之前，她得先釐清一個問題，那就是：剪斷「失去愛情」等於「我是沒有價值的人」這樣的認知偏誤。

小雀明明知道男友在關係裡傷害她，卻不敢面對現實，因為她擔心，萬一男友最後選擇跟她分手怎麼辦？

「大家都說他渣、說他爛，其實我都知道，也覺得這樣不行。但如果連渣男爛人都不愛我，那以後還有誰愛我？」此時的小雀，已經明顯地將「他不愛我」和「我再也沒有被任何人喜愛的資格」畫上等號。

確實，感情的失落很容易形成心中的「價值失格感」。

資格感是一種很奇妙的心理狀態，當你在面對一些無法具體量化的感受，例如幸福、成就、勇氣等較主觀的情緒時，會形成一種「我夠不夠格？」的個人內在評估。一個允許自己能為成就表現自豪的人，會自在地享受踏實的成就感；同樣道理，一個內心不認為自己應該幸福的人，就會在面對感情不穩定時，對自己說：「你看！我就是沒有資格獲得幸福吧！」甚至會在生活中不斷尋找各種「自己沒資格在愛情裡獲得幸福」的證據。

在感情裡，人們很容易變得全有或全無，這讓人忘記在愛情裡滋養我們的，並不是時間的累積，而是感受經驗的堆砌。倘若你只用關係的存亡成敗來證明自己的價值，就會忽略「歷程」其實才是在一段關係中，最具意義的部分。

要看到自己本身的價值，你可以這樣問問自己：

- 在愛情中，我確實受傷了，但我的價值真的不見了嗎？
- 在我的身旁，還有哪些人的存在，讓我知道自己值得被愛？
- 我有沒有忽略了身旁其他在乎我的人？
- 我是不是不由自主地放大了「痛苦」的感受，而忽略了其他的感覺？那些正向的情緒，是否被我忽略了？

愛情無法被替代是事實，但也別忽略身旁依然有人愛你。**失去愛情並不代表你就沒有價值、一無所有。**即使是老生常談，我還是要告訴你，人生的價值，並不是單純靠愛情的重量來支撐！縱使與戀人告別了，你曾在愛情中的浸潤，都是滋養你的能量，會從你一度被傷透的心口裂縫中流瀉而出，成為你獨特溫暖的閃耀光芒。

平等溝通的練習：「我們訊息」七步驟

找一個最近與他人溝通分歧或溝通困難的事件，試著將自己的狀態／對方的狀態／要解決的事件寫下來：

自己的狀態：＿＿＿＿＿＿＿＿＿＿＿＿＿＿＿＿＿＿＿＿
（可參考第 98-99 頁薩提爾的四種溝通型態，或自由填寫）

對方的狀態：＿＿＿＿＿＿＿＿＿＿＿＿＿＿＿＿＿＿＿＿
（可參考第 98-99 頁薩提爾的四種溝通型態，或自由填寫）

需要被解決的事件：

＿＿＿＿＿＿＿＿＿＿＿＿＿＿＿＿＿＿＿＿＿＿＿＿＿＿

接著，透過下列的步驟，為自己進行對話練習：

1. 描述情境：具體說出發生了什麼事情，盡量客觀中立地描述，而非主觀意見。

「剛剛發生了（事件）＿＿＿＿＿＿＿＿＿＿＿＿＿＿＿＿＿＿＿

＿＿＿＿＿＿＿＿＿＿＿＿＿＿＿＿＿＿＿＿＿＿＿＿＿＿＿。」

2. 同理對方：推測對方的「可能感受」（形容詞）是什麼？保有好奇心地去猜。

「我猜你感覺 ＿＿＿＿＿＿＿＿＿＿＿＿＿＿＿＿＿＿＿＿＿＿

＿＿＿＿＿＿＿＿＿＿＿＿＿＿＿＿＿＿＿＿＿＿＿＿＿＿＿。」

3. 推測對方需求：說出對方可能的需求與想達到的目標。

「是不是你想要 ______________________________

____。」

4. 同理自己：委婉地說出自己的真實感受（形容詞）是什麼，但不是藉由情緒來控制對方。

「而我的心情是 ______________________________

____。」

5. 表達自我立場：表達的態度是「邀請」而非「要求」，讓對方明白你的需求。

「因為我想要 ______________________________

____。」

6. 找到共同目標：找到彼此都能接受（與退讓）的共同需求，也就是「共識」。

「有沒有可能我們一起 ______________________________

____。」

7. 表達感謝：因為雙方願意溝通，真心感謝彼此，強化雙方合作的意願。

「謝謝你願意＿＿＿＿＿＿＿＿＿＿＿＿＿＿＿＿＿＿＿＿；

也謝謝我自己願意＿＿＿＿＿＿＿＿＿＿＿＿＿＿＿＿＿

＿＿＿＿＿＿＿＿＿＿＿＿＿＿＿＿＿＿＿＿＿＿＿＿。」

心理師給你的話

感情投入的深淺濃淡，並不是由交往時間的長短來論斷。兩人相處的美好經驗、記憶中那些片刻的微笑與淚水，即使失去這段感情，仍會深深地留在你心裡。在愛裡受了傷很痛，但事實上更傷害你的，是你認為一旦失去感情，就不再擁有獲得幸福的資格。

所有的關係中，有相遇就一定有分離，不論是自願還是被迫。然而在關係中依然保有自我，不讓自己過度委屈，是你應該堅持的底線。在一段關係裡，若對方無法善待我們，那是他們的問題。但我們也要學習自己給自己溫柔的同理與善待，畢竟，唯有當你相信自己擁有被愛的資格，幸福的大門才會敞開。

8 人際傷害無所不在，我到底該怎麼辦？

「對於受到欺負的人來說，那時無法忘記的過去，無論多少時間流逝，無論變得多麼成熟，一意識到，眼前就總會出現那些畫面。」

——日劇《夜野先生》

談到愛情與友誼這個主題，就不得不談談「人際傷害」。而關於傷害，我想先跟你分享一則真實故事。

去年我在臉書上貼出了自己和孩子的互動經驗。十一歲大的孩子以學習用的電路零件，在自己房門口裝上電鈴，以半認真半開玩笑的方式，抗議父母總是不敲門就進入他的房間。而當我回家發現這件事情後，覺得非常有趣，也很欣賞他的創意，同時也開始反思自己是不是應該更尊重孩子一些，別老是忘記進他房間要敲門。

於是我把這件事寫成一篇文章，放在網路上分享。我貼出文章的本意只是單純地想讓其他父母知道，孩子們往往不會在一開始就用最激烈的方式表達自己；許多時候，當孩子選擇用激烈的方式溝通，事先也總有脈絡與跡象可循。我期待藉由分享自己的經驗，並反省自己的錯誤，鼓勵讀到文章的爸媽們，也能用貼近孩子的方式來聽懂他們。

始料未及的是，一週後，這篇文章開始被瘋狂轉發。一百次、兩百次、五百次、一千次、兩千次、三千次……

下方的留言也開始慢慢變調……

「基本尊重都不知道，還在那裡說一大堆管教理論，垃圾家長！」

「這樣的家長真是可惡可恨，也為這孩子感到可憐可悲！」

而我的工作身分，也開始被拿來抨擊。

「不懂身為一個諮商心理師怎會說出此言論。」

「這種人還可以當心理師，臺灣真是病了。」

我們都對類似的網路攻擊不陌生，或許你也認為像上述這樣的「網路留言」，所謂「酸民文化（Callout Culture）」已經是家常便飯。然而，當這種又被稱為「嗆聲文化」的表達方式，毫不留情地真實發生在我身上時，傷害是直接露骨，刀刀見血！

我實在無法理解，為何這些人在現實中明明不認識我，卻能隔著螢幕把我寫得如此可惡？不只攻擊我身為「母親」與「諮商心理師」的身分，也斷言我的孩子就是可憐可悲。

你是否也有過類似的經驗？對我來說，這就是一種真實的「傷害」。就讓我用這次的事件，跟你聊聊「被傷害」時的情緒反應，以及在下一篇中，與你分享該如何面對負面的情緒吧！

被傷害後，無法再相信他人

所謂「傷害」是什麼？不只我的親身經歷，不少學生們也在諮商室與我分享過各式各樣的人際傷害。比如說，被室友汙衊指責、被同學陷害背叛、在情感中備受猜疑、在網路上被匿名攻擊、被家人誤解……等等。不論是面對面的真實傷害，或者是虛擬的網路霸凌，都確實會造我們身心的劇烈影響。

具體來說，「傷害」是一種發生在不經意之間，在沒有預備的狀況下，所遇到的不安定生命經驗。可能是突如其來的自然災害、非預期的疾病、突發的意外……等等。**它會打破我們對世界秩序的規則認定與想法，讓我們既有的信念產生動搖，甚至崩毀。**在被傷害的經驗裡，我們也容易失去對自我和世界的信賴，進而失去安全界線（如果你想知道更多關於創傷的概念和說明，我推薦你搜尋「心靈創傷」或「創傷知情」等關鍵詞）。

確實，在這個網路霸凌的經驗後，我開始懷疑自己寫文章的意義，本來是希望能提供別人一個反思的觀點，但這個初衷被模糊了，最後我甚至懷疑自己。我不只失去相信自己專業的自信，也開始質疑起自己「母親角色」的資格，甚至一度認為網友們說的都是真的，我就是一個這樣差勁又可惡的母親！接著，我發現自己腦中不時出現一個聲音：「我到底還可以相信誰？」此時的我已與周遭的人失去了連結。

每當臉書通知我該篇文章有新的留言時，我直覺的反應是恐懼，擔憂是不是又有人來留言罵我了？隨著該篇文章分享數與按讚數節節升高，我就越加恐懼，害怕帶來的後續效應不是我所能夠承擔的，一種不堪負荷的無望感持續籠罩著我。

來自網路世界的攻擊，其方便性、匿名性和病毒式擴散傳播的威力，更擴大那種「敵人在暗我在明」的恐懼，讓承受攻擊的人創傷更大。而不論是來自面對面或是網路，我們都不能忽略，**語言攻擊其實比你想像的更有殺傷力！**

當我們面對傷害時，會產生一連串的情緒反應，這些反應也可能讓你對自己感到陌生，陷入第二層次的焦慮。但沒關係，這都是自然的！就讓我們來一一拆解你可能會經歷的情緒波浪，讓你了解自己發生了什麼事。

我到底怎麼了？面對傷害的情緒歷程

傷害經驗會使人進入情緒的波浪，從否認，到生氣自責、或是指責他人，接著悲傷厭煩、孤立失落，甚至可能拒絕感受，變得冷淡無感，並且產生放棄的念頭。

這些負面情緒，都是我們在面對傷害事件後會有的自然反應。而上述說到的情緒歷程，就是知名的**庫伯勒—羅絲模型**（Kübler-Ross model），又稱「**失落（悲傷）五階段**」。根據這個理論，當我們在面對環境的重大傷害，或感受到強烈悲傷的時候，都會經歷這樣的歷程。現在就讓我來分別介紹這五階段。

● 階段一：否認

當傷害事件發生時，第一個出現的反應會是拒絕與否認。舉例來說，當同學告訴你，在路上看到你的男朋友和另一個人手牽手的時候，你心中第一個聲音可能是：「不！一定是你看錯或誤會了，那個人不是他！」

階段二：憤怒（指責）

後來，當你發現事實勝於雄辯，接著會產生憤怒的情緒。這個階段的你並沒有完全接受事實，會直覺性地先找出某個責怪的對象（找戰犯），並將自身的憤怒拋到那個人身上，一方面是因為你想逃避事實，另一方面也可以相對減輕自己的挫敗感，來證明自己沒有錯。而這個責怪的對象，可能是當事人，更可能是其他沒有直接相關的人。

例如：

怪小三——「一定是她來勾搭我男友的！」

怪男友——「你怎麼可以這樣對我？我又沒有對不起你！」

甚至，怪別人——「你幹嘛告訴我，我不要知道就沒事了！」或是「都是我媽反對我們交往，他才會找別人。」

有時，你也可能因為找不到恰當的「代罪羔羊」，於是將矛頭指向了自己，而產生強烈的自責情緒。

階段三：討價還價

當你發現找不到生氣的理由，沒有人可以責怪之後，會進入所謂「討價還價」的階段，腦中會開始出現各種掙扎的聲音：「還是我去找那個女生談判？」「有什麼我可以改變的？」此時的你，會進入一種掙扎求生、還是想努力看看奮力一搏的狀態。

這就解釋了為什麼有人面對家人生病，可能會去求神問卜、吃素、減壽，試遍各種方法，想藉由其他力量來給予自己支持。這些都是在心理機制裡「討價還價」的可能表現。

階段四：放棄（沮喪消沉）

當發現再怎麼努力，依然無法阻止負面結果後，你就會出現想放棄、想逃避等抽離的情緒。你可能會想：「算了！我不想面對了。」「反正我就是太爛了，才會被劈腿。」因為覺得眼下的困境就是如此真實，又難以解決，於是出現沮喪與放棄的念頭，乾脆承認自己是失格、無用的人。嚴重一點，甚至有可能出現想要玉石俱焚或一了百了的情緒。

階段五：接納

在經歷過前面一到四個階段後，你會意識到不論如何，人生就是緩慢但持續推進的歷程。生活依然要過，報告依然要寫，課依然要上，於是慢慢地回到專注於現實生活的狀態，因為你知道你無法改變已經發生的事情。往往要到邁入這個階段，你才有能力冷靜思考「我可以專注在哪些部分？又可以如何調整心態，協助自己走出傷害？」

時間，是復原的關鍵

回到我的例子，老實跟你說，就算是專業的心理師，在面對傷害時也會有強烈起伏的情緒反應。因為我們都是真實的人，有自己的感受與情緒、價值觀與信念。所以，**你不必因為產生了負面情緒而苛責自己。**

重點是在面對傷害的時候，你需要理解「復原」並非一蹴可幾，**不必要求自己得立刻好起來，或忽略情緒，假裝一切都還很正常，同時也允許你用自己的速度前進。**

在面對失落與傷痛的時候，本來就是有人復原得快、有人比較慢，每個人的時序都有所不同，但這都沒有對錯好壞。走得快的人，或許路途也不是那麼平順，可能在途中來來回回，一度以為自己已經走出傷痛了，但又因為造成傷害的那個人突然出現在臉書上，或是身邊有人讓你勾起了回憶，於是又掉入不愉快的感受。

但這都沒有關係！能看見自己正在前進，就很好了啊。

很喜歡《當快樂成為負擔，不快樂就是你的權利》這本書裡面的一句話：「傷痛和愛情一樣，都無法事先預測它的開始或結束，但時間是解鎖一切的關鍵。」

這呼應了知名心理治療大師卡爾・羅哲斯（Carl Rogers）不斷強調的：人要改變，要產生正向情緒，需要真誠地接納自己，才有可能發生。**因此允許等待、允許「時間」發酵，是讓我們走出傷痛的關鍵。**有時候，等待的時間可能會有點漫長，讓我們痛苦不堪。這時，你需要找到足夠的社會支持，別讓自己單獨面對，就能稍稍舒緩這段時期的痛苦感。

改變只會發生在願意相信的人身上，**只要你相信自己有能力復原，傷痛離去的一天一定會到來。**

走過失落五階段的練習

如果你最近正經歷一件讓你感到受傷、失落的事情，可以先辨識自己正在「失落五階段」的哪一個歷程，並參考以下這些建議，幫助你走出目前的困境。

失落五階段：

否認 → 憤怒→ 討價還價 → 放棄→ 接納

1. 若你否認傷害：請問問自己，否認傷害對你有什麼好處？「拒絕承認」是你對自己內心的一種保護，但是否讓你帶著鴕鳥心態，以為看不到就等於沒發生？
2. 若你感到憤怒：請問問自己，這個憤怒為你帶來了哪些影響？因憤怒而指責自己或他人，有為事情帶來轉機嗎？還是你只是藉由憤怒，來閃避自己該面對的責任？
3. 若你努力討價還價：請提醒自己，也請旁人提醒你，可以努力，但千萬別「過度」努力。凡事都有可為與不可為，執著在無用的策略與方式，只會耗損你的心力與體力，換來更大的失望。

4. 若你已想放棄：這是最煎熬的階段，請別讓自己獨自面對。並且允許自己悲傷，允許自己釋放、討拍，也可以大哭，但千萬別放棄自己。
5. 若你已經來到接納的階段：請大方地肯定自己，並開始積極思考，還可以專注在哪些其他的事情，以幫助自己慢慢復原？

心理師給你的話

面對傷痛，不管你多麼懊惱、多想逃避、多不願意接受，都不會改變傷害你的事實確實存在。而且只要是有血有肉的人，就一定會感到痛苦、感到悲傷。這些都再正常不過。

但就像《鬼滅之刃》的經典臺詞：「就算痛苦到難以忍受，請不要逃避這份痛苦，努力活下去。」走出傷痛與失落，沒有捷徑、沒有快轉鍵，誠實地面對這段失落的時光，只要不停下來，允許自己慢慢復原，就是你能給自己最好的陪伴。

9

別人傷害了我，但或許我有能力治癒自己？

「這世上啊！有些人靠消耗別人的眼淚，試圖止住自己的眼淚。不要認輸，自由地活著吧！」

——日劇《無法成為野獸的我們》

所以，面對傷害，只能等傷口自己復原嗎？除此之外，還可以做什麼？

我在遇到網路霸凌事件之後，開始反思這個問題。但在討論之前，我想先和你分享一件事，那就是我們在面對傷害時，其實很容易落入自憐自艾的情緒中，覺得其他人都是壞人，特別可惡；有時甚至會將那些理性分析狀

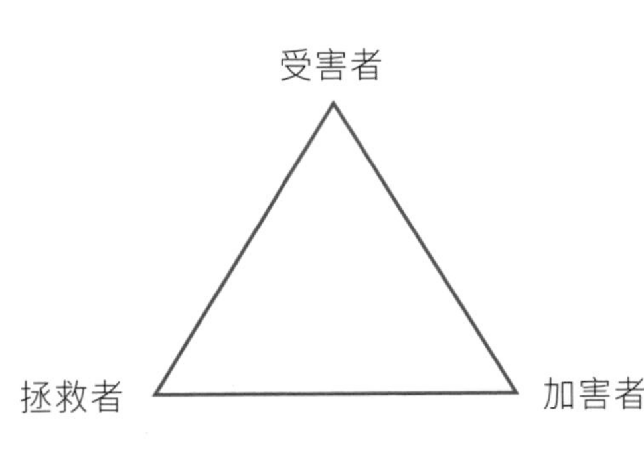

況、或真正關心我們的人，也劃分到「壞人」。這樣的心境，我們又該如何看待？

「受害者—加害者—拯救者」三角形

美國精神科醫師卡普曼（Stephen B. Karpman）提出一個「戲劇三角形」的理論，用來描述人在遇到衝突事件時，可能會陷入的情況。他指出，當人處於受傷的情境，有時很容易陷入一種「可憐的我—可惡的你」的情緒之中，接著將自己帶入「受害者—加害者—拯救者」的三角形思維框架。還記得我們上一篇講到的「失落五階段」嗎？這樣的心境特別容易發生在失落歷程裡的「憤怒、指責」階段。

想像你的人生是一齣舞臺劇的劇本，而你就是舞臺上的演員。當生活中遇到各種事件時，你就會很自然地依照情境，將自己與周遭的關係者帶入不同的角色，進而產生互動行為與溝通方式。接著讓我們依序來認識這些角色。

受害者——「可憐的我」

當你覺得自己受傷了，就會出現「可憐的我」的念頭，也就是心疼自己，覺得自己是世界上最可憐、最倒楣的人。這樣的念頭，我們往往會描述它是一種「侵入性」的思維模式，因為它會沒由來地一直浮現在腦海裡；它也像「反芻」一樣，令你不斷咀嚼，反覆沉溺於負面感受。越是這樣想，越容易陷入「我只能被動地挨打」這樣的受害者思維。

而「事情不會變得更好！」「我永遠不會有安全感了！」等負面想法，或你本身就有一些容易緊張或高度敏感的特質，都會讓你更加陷入受害者情緒裡，並感到越來越不堪負荷。在受害者心境裡，我們很容易看不見自己也有能力負責，將問題外部化，認為都是外來因素造成我們的困境，也無法意識到自己其實是有能力改變的。

加害者——「可惡的你」

有受害者，便有加害者。當我們找到一個能夠責怪的「可惡的你」，就能將自己受到傷害的負面情緒與責任，統統丟到這個「加害者」身上，削弱自己需要承受過錯的風險。人對世界的認知需要清楚的規範與標準，包括「對與錯」的認定，因此，當有人因為傷害你而被責備，或受到懲罰，「公平正義」才得以伸張，我們也才能維繫心中那把衡量是非的道德之尺，並持續說服自己：我就是可憐的受害者。

拯救者——「正義的他」

除了受害者與加害者，我們還會渴望一個「拯救者」來幫助我們，也許是主持公道，懲罰那些傷害我們的人，又或者替我們緩頰，安慰我們受傷的情緒。總之，我們期待透過這個正義的角色來讓自己安心，並再次相信世上依然有所謂的公平正義。因此，也不難理解為什麼當我們受到委屈時，總會想上網發文、在同溫層討拍了。人在脆弱無助的時候，總希望有人陪伴自己同仇敵愾。

再回到我的例子，當我面對網友的惡意留言，我一開始確實感覺自己是可憐的受害者，並覺得罵我的人就是可惡的加害者，同樣地，我也渴望能有拯救者以英雄之姿到來，不論是我自己的親友，或是其他公平一點的讀者。我期待他們留言為我說話，或反擊謾罵的人。

當然，最終這件事並沒有發生。沒有人在網路上替我大戰網友三百回合，我自己也不敢回嗆，於是對該篇文章採取不看、不聽、不理的消極態度。這件事也讓我認清一個事實，那就是在遇到傷害時，並非總是有正義的拯救者拔刀相助。

我們都從別人的故事，看見受傷的自己

要跳脫受害者的角色，我們必須試著翻轉思維。比如說，我可以想想在那篇貼文留下惡毒評論的人，為什麼要這麼做？那些人是不是在故事裡看見了自己？

雖然我想談的是父母對孩子的聆聽與貼近，但人很容易用主觀意見來詮釋自己的所見所聞。或許那些大聲指責我的人，讀到的是「父母對孩子的不尊重」，他們看到的是一個只會說漂亮話、卻沒有足夠反省能力的母親。在他們眼裡，我是對兒子毫不尊重、施予傷害的「加害者」，而我的孩子正是「受害者」。

這些在鍵盤上敲下惡毒字眼的人，或許在小時候也曾奮力向大人爭取該有的尊重，卻沒有被好好重視；又或許他們身旁的大人，並未在該道歉時承認錯誤，讓他們覺得「做父母的都不肯認錯」。而我這則貼文，正好讓他們想起自己被傷害的過往。於是，他們想幫我兒子說說話，懲罰一下

我這個可惡的大人。他們撻伐的初衷，是內心過往的傷痛，以及想保護和自己一樣的「受害者」。但抨擊的力道過猛，超出了合理的批評範圍，反而讓他們從「拯救者」的角色，變成了「加害者」。

當跳脫自己的角色去思考、梳理事件的脈絡時，我終於明瞭，每個傷害別人的人，都可能曾經被深深傷害，但也許當時沒有人站在他這邊，於是他便帶著傷繼續往下走。當他看見別人上演著與他類似的情境，便會不自覺投射曾經受傷的年少自我。因此，他想保護的不只是那個正在受傷的人，同時也是曾經的自己；攻擊的對象也不只是我，還包括那些曾經讓他們受傷的人。

在過往的傷害裡，若人們沒有能力修復自己，便會在無意識下，藉由修復他人的傷來彌補自己，這就是阿德勒心理學「補償」的概念。阿德勒認為，人對於自己沒有的、不足的、遺憾的、失去的，都會在潛意識裡反撲，想補足這個空白。父母要求孩子成龍成鳳是補償、朋友相互討拍是補償、情侶彼此的攻擊也可能是補償……其實，補償行為並非一定不好，重

點是如何不要「過度補償」。例如：老是指責他人，以達到內在對於公平正義的追求欲望，結果讓自己變成難以相處的正義魔人。如果補償的力道過猛，不只會折騰自己，也會傷害他人。

理解到這件事後，再看看那些「可惡的網友」，好像變得沒那麼可惡了！當然，我還是感覺很受傷，也絕對不同意這樣不負責任的酸民式發言，但我也不再需要把自己看作受害者，陷溺在自憐的情緒裡無法自拔。

是「事實」還是「意見」？

當人在面對他人帶來的傷害時，會產生防備心、落入自憐自艾的感受，都是非常正常的。但你絕對有能力翻轉心態，變成自我陪伴的「拯救者」及「療癒者」。

倘若他人給你的評價是客觀的，你可以拿它來修正自己，作為自我改善的最佳來源，但是你需要懂得辨識哪些批評是「客觀事實」（fact）？哪些是「主觀意見」（**opinion**）？

「事實」（**fact**）是客觀存在、可以證明，且具體發生的事物。例如，我沒有敲門就直接進入孩子的房間是「事實」；他在自己房門口裝了電鈴也是「事實」。

「意見」（**opinion**）則是經過思考後所得到的主觀想法，是一種個人的感覺、價值觀或看法。例如：沒有敲孩子的門，就等於不尊重人，是「個人意見（價值觀）」；我的做法很可惡，而我的孩子很可憐，這也是「意見」而非事實。

學會辨別「事實」與「意見」，是你學習批判性思考的一個重要關鍵；也有助於你在面對攻擊時，不會落入他人可能帶著個人情緒的批評，而陷入非必要的掙扎。當然有時候這些攻擊，可能同時混合著「事實」和「意見」，例如：孩子用裝電鈴來抗議我不尊重他，所以我是個不懂得尊重人的失格心理師。這便是透過主觀看法來評論已發生的客觀事實。

事實總有依據，可以作為客觀評估指標；但意見是主觀想法，你永遠無法改變別人看待事情的方式。用已經發生的客觀事實，作為下次自我改進的基礎，可以使你獲得實質的進步（例如：我之後每次要進孩子房間時，都會確實敲門）；而傾聽他人有建設性的意見，當然也可以從中獲益，但絕對不是照單全收。尤其是那些惡意的評論，不僅會讓情緒受到影響，也會混淆你判斷的準則。

拒絕別人的惡意批評，是對自己的良善，你永遠無法討好身旁的每一個人！倘若他人在你身上貼了某個標籤，而你知道自己並非如此，又何必用他人的髒水，潑在自己身上？

同樣地，我也想鼓勵你，請成為一個不惡意攻擊他人的人。在發表想法前，可以先思考：**同樣的一句話，你會在面對面時說嗎？如果你不會在他人面前說這句話，就請別隔著螢幕送出。**

最後，關於傷害這件事，要記得當你能看懂他人的攻擊，就不會讓自尊任人踐踏。畢竟，**If they don't know you personally, don't take it personal.**（如果他們不認識你，你更應該放過你自己）

避免受害者心態的 Not To Do List

當你經歷傷痛時，要盡可能避免落入下列幾種情緒／想法／狀態，因為它們會強化你「受害者」的感受：

- ✕ 認為事情永遠不可能變好
- ✕ 認為再也沒有其他方式來獲得安全感
- ✕ 持續責怪他人
- ✕ 一直渴望有人來救你，為你主持公道
- ✕ 過度焦慮、失落、哭泣，甚至影響到日常生活
- ✕ 不斷反芻負面念頭和情緒，導致吃不好、睡不好
- ✕ 反覆想著那些讓你受傷的人、事、物

翻轉受害者心態：自我對話練習

身為「受害者」，我可以：

● 覺察自己的感覺

面對這個傷害，我的感受是 ______________________________

（描述情緒〔I feel...〕，而非想法〔I think...〕）

● 允許也接納自己的傷口

我可以覺得很 ____________________________，因為我受傷了！

（告訴自己不必因為覺得受傷而感到可恥、丟臉）

● 陪伴自己的情緒與困境

雖然我遭遇到了 ______________________________（具體事件），

但我依然可以 ________________________________（具體行動，

將重點放在自己可以做的）。

面對「加害者」，我可以：

● 拒絕不是事實的指責

我知道你說我 _______________________，而我「不同意」的部分

是 ________________，因為 ________________________________。

● 將客觀的建議化為改變的動力

我知道你說我 __________________________，而我「同意」的部分

是 __________________________，所以我願意承擔的責任／改進的

地方是 ____。

面對「拯救者」，我可以：

- 尋求關心

在這件事情上，可以提供我關心的人是＿＿＿＿＿＿＿＿＿＿＿＿＿。

- 尋求指導

我知道我渴望這個人為我做到＿＿＿＿＿＿＿＿＿＿＿，但他「真正」能為我做的事情其實是＿＿＿＿＿＿＿＿＿＿＿＿＿＿＿＿＿＿＿＿＿。

為了幫助我更有能力面對困難，我還可以請他人為我＿＿＿＿＿＿

＿＿＿＿＿＿＿＿＿＿＿＿＿＿＿＿＿＿＿＿＿＿＿＿＿＿＿＿＿＿＿＿＿＿＿

＿＿＿＿＿＿＿＿＿＿＿＿＿＿＿＿＿＿＿＿＿＿＿＿＿＿＿＿＿＿＿＿＿＿。

心理師給你的話

只要活在世界上，就會有面對傷害的時候，沒有人能躲得掉！但你可以做的，是在有餘裕直面傷痛時，想想「我究竟怎麼了？」「對方又怎麼了？」並檢視自己是否陷溺在受害者情結中，嘗試翻轉心態。

當然，我知道不可能立刻就能冷靜反思，面對傷害沒有這麼容易，所以也請給你自己足夠的時間。適度轉換注意力、找一個能陪你度過歷程的人，都會是療傷很好的方法。沒有誰的人生是絕對完美，在不完美的歷程中，我們盡力去感受生命的每一刻。因為有痛、有撕裂，才有能力去感受生命在修復時的堅韌。

Part III

原生家庭

脫掉「乖孩子外衣」，放飛被束縛的心

10 除了學生、孩子、同學……我到底是誰？又還能是誰？

「世界是一個舞臺，所有的男男女女不過是一些演員，他們都有下場的時候，也都有上場的時候。一個人的一生中扮演著好幾個角色。」

——莎士比亞名劇《皆大歡喜》

「老師！我真的是受夠我爸媽了！」小優走進諮商室裡，一邊坐下，一邊怒氣沖沖地抱怨父母。

她是剛上大一的學生，原本滿心期待來到大學，從此過著不再受約束的自由生活；然而，沒過多久，她卻發現一切跟想像中完全不一樣。剛開始的時候，小優確實很思念家裡，每天都會跟家人通電話，但當她漸漸融入校園生活，活動也越來越多時，便開始覺得父母要求她每天通話，讓她壓力很大。而且，家人要求一定要開視訊，表面上是關心她的生活，實際上是「檢查」她是不是在宿舍，這令她窒息難受。

經過一陣子的努力，我在諮商過程中陪小優找到和父母溝通的策略，讓她慢慢拉回一些屬於自己的空間，掌握部分的主控權，總算感覺沒那麼窒息了。沒想到，今天她卻氣呼呼地跑來找我。

「我前天跟同學一起去夜唱，被我爸媽知道，他們竟然罵我不檢點、不知羞恥，這麼晚還不回宿舍！」

我先是訝異小優和父母又起了這樣的爭執，但也很想知道，小優是怎麼解讀這個衝突的？

「我超氣的！我又不是不知輕重，不能判斷是非，他們為什麼不能相信我？我都滿十八歲了，卻弄得好像出門還要簽家長同意書？」

「我到底是誰？我是他們的小孩，但我也是我自己啊！我有我的生活，也想跟同學出去，但為什麼在他們的眼中，我永遠只是個長不大的小孩？」小優的表情由生氣轉為無奈，又從無奈變成困惑。對小優來說，與父母的關係總是在拉扯，拉扯之間總會令人疑惑：「我到底是誰？自己又是為誰而存在？」

徬徨無助少年時，迷失在自我認同裡

首先，我們要回到曾在第一篇所提過的社會心理發展論。在不同的階段，我們有不同的任務必須完成。先前也提到過，在十三歲到十九歲之間，是我們學習整合「自我認同」的階段，需要釐清自己的角色定位，對自我形象有更清楚的認識，並了解別人是如何看待你的，能有助於你制定未來的人生方向，以及幫助你更加接納自己。

因此，對於小優提出這樣的困惑，我其實一點也不意外。她正在拉扯，想釐清自己和原生家庭之間，可以保有多少自我意識？又必須傳承多少來自原生家庭所灌輸的觀念？若是在此階段無法釐清自己的角色，往往會帶來自我概念上的混淆。一個越清楚自己定位的人，自然就越能有自信地接納自己，不至於處在內心混亂狀態，而找不到安放自己的適切位置。

「你是誰？你就是你自己啊！」我笑笑對她說。「你從出生之後，就是獨立的個體了，不是嗎？只是，你想不想當『自己』呢？」我拋出一個頗有哲學意味的問題給她。

所以，我到底是誰？

「我到底是誰？」場景回到諮商室，小優當時這樣問我。「你就是你自己啊。只是，你知道『自己』是誰嗎？」

好奇妙的問題，是吧？

我給小優一張白紙，請她列出自己在生活當中所有的身分與角色。她在紙上列下了：

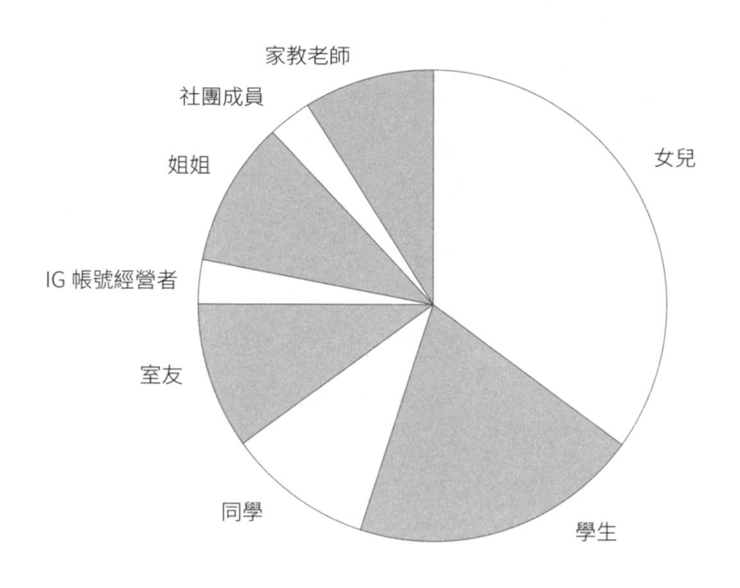

- 父母的「女兒」
- 學校的「學生」
- 社團「成員」兼「幹部」
- 寢室「室友」
- 閨蜜的「傾聽者」
- 妹妹的「姐姐」
- 家教學生的「老師」
- IG帳號經營者

接著，我請她以直覺的方式，依據這些身分在她身上所占的比例，畫在一個圓餅圖上，但不一定每個身分都要寫上。

我請她仔細看看這張圖，並挑出其中她覺得最在意或困惑的身分

（也就是圓餅圖占比最大的部分），答案是「女兒」。

接著，我請她說一說身為一個好女兒，她覺得自己該展現哪些行為？該擁有哪些特質？小優回答：「好女兒就是不讓爸媽擔心，讓他們不必因為我而不開心。」接著，我請她看看清單上的其他身分，除了父母的女兒之外，她還可以是誰？她也同時展現了哪些特質，來做好那個角色？

最後，我問她一個問題：「我們要不要一起想想，在生活中扮演其他角色時，有哪些行為可以同時幫助你滿足好女兒的定義？」

小優低頭不語地看著自己的清單，開始思索自己的其他身分，同時也問自己，這些角色一定會互相衝突嗎？

跳脫你的認知框架：別被自己的刻板印象綑綁

在第三篇，我們提過「認知偏誤（認知陷阱）」，現在要介紹「認知框架」。簡單地來說，它是一種心靈限制，讓你在面對事情時，容易以某個固定的框框看出去。**對自己身分角色的認定，有時也可能是一種框架限制。**

身分，如同貼在你身上各式各樣的標籤。從出生開始，有些會一直黏著我們，有些則會因為時空而轉變調整。在每一個身分底下，均有對應的價值觀與行為規範。

當一個人認定了自己是什麼身分和角色，必然會展現自己心中認為相呼應的行為與特質。例如，小優認定了自己是父母的「女兒」角色，她就會思索身為一個好女兒該符合的行為準則框架，像是：體貼父母，為父母著想，噓寒問暖……等等。所以她會想要產生相呼應的行為，以期待自己能符合「女兒」角色。

這就產生了名為「**應然偏誤（Should be）**」的認知偏誤，像是「一個好女兒就應該如何如何」。這種認知框架，讓人對自己形成平面的刻板印象，削弱彈性的可能。

你呢？你有沒有這種認知偏誤？比如說，試著完成下列幾句話：

- **一個稱職的大學生就應該——**
- **好的父母就應該——**
- **一個好朋友就應該——**

倘若你對這些框架印象越堅持，就會經歷越多的適應困難。而身上的角色越多，定義便越僵化，角色之間就越有可能彼此干擾，造成身分混淆，進而產生自我認同的障礙。

看到更多元的自己

小優同時也是一名活潑的學生，她積極參加各種活動，週末也遊走於不同的地方，或和室友、同學外出，因此，無法每個週末都回家或準時打電話報告日常作息，成了她的生活常態。如果她越是卡在「自己因為沒有做到固定打電話回家關心父母，就是讓父母失望的女兒」這樣的念頭裡，就越容易討厭自己，對自己失望。

然而，關心父母、不讓父母擔心，一定要做到這些行為嗎？有沒有可能這些教條式的行為規範，並不是全部「好女兒」的標準？我們有沒有可能透過其他行為，來展現自己是「不讓父母擔心的女兒」？

你的生活裡一定還有其他的身分框架，你越能妥善切換這些身分，就能適應得越好。要知道，**身分認同是一種虛構的標籤，而呼應這個標籤的行為和樣態，必定沒有標準答案**。一個好孩子該做出什麼行為，也沒有絕對的標準，正因如此，當你有機會歸納、整合出身上的多種身分時，越能完整地看到自己的全貌，也就越不容易糾結在一個角度上。如果沒有意識到自己身上同時背負著多種身分，而只以單一身分為主的時候，我們就越容易產生衝突與矛盾，也就是身分認同危機。

此時小優需要做的，除了練習與父母委婉地溝通之外，她也可以透過身分圓餅圖的練習，更完整地看待自己的身分角色，不再只以單一視角，強迫自己只表現出一種平面的樣子。

人生就是舞臺，你總會需要不同的面具登場

正因為活在時時都與他人連結的社會，你身上背負的角色絕對不會只有一種。為什麼要做身分圓餅圖的練習？當你慢慢長大、開始進行自我概念整合的過程，就像是脫殼與蛻變的歷程，這時你需要用更完整的視野來看見自己。除了是父母的孩子、老師的學生之外，你還具備什麼樣的身分？

要脫離原生家庭給的束縛，其中一個方式，便是看到自己除了原生家庭的角色責任之外，你還擁有什麼。

有時候，當你直覺地給予某個角色在圓餅圖上越大的比例，表示那可能是你最感到認同、或者最占據你生活的一個角色。這時，我們可以退後一步，客觀地看看這些比例分配，並問問自己是否察覺到，在這個圓餅圖上，你是否過度關注某一特定身分，而忽略了其他身分？

越能完整與平衡地看見自己的全貌，你就越有機會接納完整的自己，不再用刻板印象看待一切，也不需要覺得自己不夠好。

畫一個屬於自己的圓：身分圓餅圖

你想過自己到底是誰嗎？你的身上又承載了多少角色？除了是父母的孩子之外，手足、同學、學生、情人、朋友、工讀生、讀者……等等，其實我們身上背負的角色，遠比我們意識到的更多。現在，我們就來進行「身分圓餅圖」的練習，幫助你看到自己身分的全貌。

STEP 1

在以下空白處，以自由聯想的方式，列出自己生活中具備多少角色？把自己想到的，通通寫下來。

我的身分角色：

- ______________________
- ______________________
- ______________________
- ______________________

STEP 2

接著，按照你心中的直覺，把剛剛寫下的身分角色，依照不同比例像切披薩一樣切割這個圓。占比越大的角色，切割的比例就越大塊，但不需要把所有角色都填入圓內。

當你仔細思考，並在圖上畫出來時，你就會發現自己身上其實擁有很多身分。例如：手遊玩家、寵物鏟屎官、芭雷舞者、球隊選手……

STEP 3

接著，試著回答下列問題：

- 在這些角色中，比例占最多的是：＿＿＿＿＿＿＿＿＿＿
- 身為這個角色，我的感覺是：＿＿＿＿＿＿＿＿＿＿

＿＿＿＿＿＿＿＿＿＿＿＿＿＿＿＿＿＿＿＿

- 我認為，要能扮演好這個角色，我應該展現出的行為包括：

＿＿＿＿＿＿＿＿＿＿＿＿＿＿＿＿＿＿＿＿

＿＿＿＿＿＿＿＿＿＿＿＿＿＿＿＿＿＿＿＿

- 我喜歡這個角色帶給我的是：＿＿＿＿＿＿＿＿＿＿
- 這個角色為我帶來的麻煩是：＿＿＿＿＿＿＿＿＿＿
- 除了這個角色，我發現在生活中，我還是（寫下其他角色）：

＿＿＿＿＿＿＿＿＿＿＿＿＿＿＿＿＿＿＿＿

＿＿＿＿＿＿＿＿＿＿＿＿＿＿＿＿＿＿＿＿

＿＿＿＿＿＿＿＿＿＿＿＿＿＿＿＿＿＿＿＿

＿＿＿＿＿＿＿＿＿＿＿＿＿＿＿＿＿＿＿＿

- 要降低比重最多的角色帶給我的困擾，又不干擾其他身分角色，現階段，我可以做到的是（至少列出三項）：

1. ______________________________
2. ______________________________
3. ______________________________

- 最後，要讓我身上這些角色同時存在，卻又不相互混淆，我會跟自己說：

____

____

____

心理師給你的話

每個人都是自己生命裡的主角，只是在不同時候，會以不同的樣貌登場，但不論是什麼角色，哪種樣貌，那都是你自己！

請真實地接納不同片刻與姿態的你，因為唯有完整拾起每一片身分花瓣，才能使自己成為風姿搖曳、立體完整的花朵。

而你，就是世界上唯一的一朵獨特的花！

11

渴望當爸媽的乖小孩，但又覺得好疲憊。到底該怎麼辦？

「母親與孩子之間，從來就不是選擇與被選擇的關係，只是因為相遇了而已。」

——日劇《Mother》

你看過東南亞被人馴服的大象嗎？亞洲象在許多東南亞國家已有四千多年的馴化史，在宗教上具神聖的地位，但牠們並沒有因此過著幸福快樂的日子。被馴化的象必須在還是小象時被捕獲，接著用很緊的枷鎖牢牢拴上。小象們一開始會努力掙脫，但不管再怎麼努力，就是做不到，因為馴象人會用一種帶有尖刺的棍子，勾著小象厚皮下敏感的肉，令牠們疼痛，不敢過度掙扎，直到牠們放棄，明白自己無力掙脫。

慢慢地，等到小象們逐漸長大，牠們依然習慣自己這樣被圈養、束縛著。哪怕一隻成年的公象體重可以達到八公噸之多，絕對有足夠能力掙脫鐵鏈束縛，但依然不會有所動作，因為從小習慣被圈養的象，縱使長大了，也不敢相信自己有能力掙脫鐵鏈，為自己抗爭。

我在諮商室中遇過一群孩子，聽著他們的故事，就會讓我想起那些從小被束縛的象。

巧巧，人如其名，在大人眼裡就是個無比「乖巧」的孩子，凡事為自己負責，不讓父母操心，對父母的要求從來不說「不」。課業上，她也努力積極，成績很好，個性溫柔體貼。但我和巧巧認識的緣由，卻是無比「不乖巧」的契機……

那一夜，不知何故，剛與家人通完電話的她坐在宿舍的窗臺邊，像變成另一個人似的，聲嘶力竭地向圍著她的人低吼：「你們不要管我！我家裡都不在意我了！你們又何必管我？」她手上緊握電話，哭得悲戚，彷彿全世界都拋棄了她。剛滿二十歲的巧巧，本該是青春年華無限美好，但她眼底流露出來的，不是燦爛的光彩，而是無限的悲傷。

後來，在同學手忙腳亂的幫忙之下，巧巧還是安全地離開了窗邊，但她彷彿將一部分的自己遺落在那個窗臺上，自此失去了存在的勇氣。巧巧如同被圈養的小象，束縛著她的，是那名為「乖巧」的枷鎖。

完美小孩並不存在

身為一個媽媽，我要坦白：父母啊，都是貪心的動物！懷孕時，希望寶寶健康就好；寶寶健康出生後，又會忍不住地想「哎呀，如果他是雙眼皮該有多好！」；孩子越長越大，對他的期待也就越來越多，心中不時響起一個聲音：「好，希望能再更好！」

父母的期待越滾越多，孩子們要滿足的「期待清單」也越多。再加上華人文化偏向批評式教育，相信「如果對孩子說了好話，就會讓孩子不求進步」，因此，你的父母可能也鮮少稱讚你、肯定你。在這樣的狀態下長大，你心中「我不夠好」的聲音就像惡魔一樣越養越大，更會在無意識中不斷追求父母的認同，但名為不安的空洞卻不曾真正填滿。

時間稍微倒轉，回到巧巧坐在窗邊的那夜。壓垮巧巧的最後一根稻草是她突然驚覺到，不管自己再怎麼努力，終究達不到媽媽的期待！

當日稍早，她得知自己努力了好久的轉系考並沒有成功，思緒千迴百轉，她還是鼓起勇氣打電話回家報告。但她沒有辦法親口對媽媽說明，決定向爸爸求助，請爸爸委婉地幫忙轉達。沒想到前一刻，爸爸還溫暖地說沒問題，掛掉電話後一秒，媽媽就怒氣沖沖地打來質問巧巧，為什麼不親口對媽媽說？

「媽媽問我對她是不是有什麼不滿？我只能一直求她不要生氣，請她好好聽我說，我跟她說：『媽，我剛剛有跟爸爸講了，爸爸也說會幫我跟你說。你可不可以不要這麼生氣？』，結果……」巧巧再度哽咽，滿溢的情緒令她難以消化，「她說……『無今嘛汝叨是死人嗎？』（臺語：難道你家現在都是死人嗎？）」

媽媽毫無邏輯、沒有理智的回應，壓垮了巧巧。原來，任憑自己再怎麼努力，一切都徒勞無功！巧巧做不到媽媽心中的完美小孩，於是選擇走上絕路。但她沒有意識到，所謂「完美小孩」根本不可能存在，如同世上每個大人都有瑕疵。

我們或許都像巧巧一樣，藉著變得乖巧來取悅父母、獲得他們的認同，因為這是最立竿見影的方法。就像巧巧一樣，我們不斷鞭策自己，努力用成績、品行來證明自己。就因為是父母的好孩子，所以好還要更好。考了九十分不夠，因為不是一百分；考到了一百分，還是不夠，因為不是模範生。

當讓父母開心成了你最重要的生存法則，在父母的期待和你對「完美小孩」的自我鞭策下，你就像在爬永遠爬不到頂端的巴比倫塔，只會讓自己陷入自我懷疑的迴圈，看不到其他的可能性。

名為「大人」的孩子

在巧巧自我傷害的危機事件過去之後，她的媽媽打電話給我。電話裡，媽媽透露了自己年少的故事，原來她同樣來自一個無法給予足夠認同的家庭，於是她一輩子都在努力自我證明，自己是個「有能力」的人！

電話那頭，巧巧母親跟那夜坐在窗邊的她一樣，對著我泣不成聲。她說：「老師！我拜託你跟她好好談談。我真的不知道，到底要怎麼跟這孩子說才好？」隔著電話，我感受到了她的無力、無助與心力交瘁。

婚後多年的婆媳問題讓巧巧的媽媽經歷許多挫折，延伸到她與巧巧爸爸之間相處的衝突。她其實很欣慰巧巧的成熟懂事，因為婚姻中一直經歷挫敗的她，可以透過母職證明自己是「好母親」。但她和大部分的父母一樣，從不直接表達對女兒的肯定。

巧巧的母親，正是一個包裹著成人外衣的脆弱孩子。在九〇年代末期，大眾心理學開始普遍使用「**內在小孩（Inner Child）**」一詞，來形容一種內在較為柔軟脆弱、如孩童一樣需要被照顧呵護的心理狀態。這是榮格心理學「兒童原型（Child Archetype）」的延伸。近年來有越來越多的心理工作者，也用這一詞來描述類似巧巧媽媽這樣的成人。她外表看似成熟的大人，但內心還卡在成長過程中的某些遺憾、傷害，於是內心深處還有一個部分，像孩子一樣需要被照顧。

現實中，這樣的父母很常見。他們在成為父母之前，也沒有被好好地真實接納，沒有感受到足夠的愛，於是長大之後，**就會渴望先照顧受傷的自己**，追求在成長過程中無法獲得的「認同」。在這樣的情況下，**也就時常忘記要擁抱自己的兒女，讓孩子連帶跟著受傷**。這些對孩子口出惡言的父母並非不愛孩子，只是在長大的過程裡沒有機會學習平等愛人的方法。因為沒有被好好愛過，才會在生命裡磨出稜角，擦傷身旁的人。

因為內心的小孩沒有長大，於是在成為父母之後，他們轉向自己的孩子，來滿足內在被愛的需求。孩子又因父母的索求與期待，永遠陷溺在「我不夠好」的痛苦感受裡，長大後又變成包著成人外衣的受傷孩子，繼續在其他關係中討愛……無限重複這樣的惡性循環。

你是否也有似曾相似的感受？要停止這樣永無止境的輪迴，你可以是先喊「暫停」的那個人！

看見父母的真實，我們可以變得勇敢

巧巧的媽媽其實算是比較極端的例子，成長過程的傷害讓她遍體鱗傷，所以後來我建議媽媽進行個別諮商，釐清她的內在需求，先照顧好破碎的自己，也鼓勵她與巧巧重新開啟對話。然而，這不代表在媽媽改變之前，巧巧就無能為力。

學會開始站穩自己的立場，為自己發聲，分離出媽媽的期待與自己的個體性，是我和巧巧接下來幾十次會談的工作目標。

「巧巧，你知道嗎？其實我非常愛追劇，特別是日劇，所以每一季有新劇出來，我都會抱著一種『啊，趕快看完！看完我就可以去做其他事了』

的心情。」巧巧露出疑惑的表情，不懂我為何話題跳Tone得這麼大。

「但是……我後來覺得好累喔，每季三四齣劇同時追完後，在下一季到來的空檔間，就會想去補我之前沒看的劇。等到我看了一些，下一季又開始了，就這樣無限循環，變得沒完沒了！我看著你一直在追尋媽媽的認同，一直在等她跟你說『可以了，夠好了！』我就會想到自己沒日沒夜追著劇的那些時間。我想問你，**你覺得什麼時候才追得完？什麼時候，才會覺得真的夠了？**」

巧巧眼眶突然泛紅，接下來我們都陷入沉默。她呼吸急促，眼淚簌簌直流。我不由自主地也感受到自己的眼角濕潤。那一刻，我陪她一起見證了在諮商室裡，最珍貴、最難得，也最真實的「頓悟」——她突然有能力意識到，**原來在這場追逐認同的遊戲裡，真正能停下來的時候，便是自己能勇敢地對自己說：「夠了！」**的那一刻。

長大，由自己開始

你一定要記得一件事，習慣對孩子討愛的父母，不管孩子幾歲，這個慣性都會一直存在！他們透過掌控、支配的行為來討愛，然後期待孩子配合，以確定自己的安全感。而如果你沒有發現這個隱形鎖鏈，就很難斬斷問題的根源。

習慣向子女討愛的父母，就像永遠飢餓的大食怪，你越是餵他、越順著他的要求，他就長得越大，食量也越驚人，要求越多。然而「被需要」不只是單向，這條路上你也要懂得停止餵養父母的需求。

可能你會想用「情緒勒索」的概念來看待巧巧與父母的關係，但我也需要提醒你，關係之間的動力永遠不會是單方面的，不是那麼簡單地說「誰在勒索誰」而已。被勒索的人，往往也是在潛意識中選擇的決定。父母需要控制孩子來確保自己的安全感，而孩子往往也是從滿足父母的需求來得到認同感。換句話說，雙方其實都在索求自己需要的東西。

我們的順服，餵養了父母的匱乏。勒索者與被勒索者之間，有時是共生、雙向的關係。

因此，改變的關鍵是去覺察自己的不喜歡，也明白自己的實際感受與父母的渴望，更要相信自己有能力主動改變，才有可能掙脫這樣的共生關係。誠如前面所提，如果小象意識到自己可以不必忍受不舒服的感覺，而且長大之後已有能力掙脫，就不用一生都受制於冰冷的鐵鏈。

長大，是得先意識到自己的疼痛，並開始不強迫自己忍耐，也不消極地等待別人改變。你知道嗎？一味地等待父母先改變，就等於你把自主權交給父母，自己則繼續待在鎖鏈裡，失去了可以為自己負責的機會。然而所有的改變，都必須由你自己開始做起。

倘若你知道自己其實已有能力逃開，只是現在選擇忍耐，用較不撕裂的方式來面對；透過待在原地來保護關係，避免衝突，這樣也沒有不好。只是你要知道，這都是你自己做的選擇。

你可以從現在開始，練習停止餵養父母的需求。這嘗試或許充滿困難，但那是因為我們鮮少冒險嘗試。很難，卻不代表做不到。倘若我們一直在等父母改變，那麼有可能，這條綁在你腿上的鐵鏈，永遠沒有機會取下。

練習長出自己的翅膀

練習一：釐清看待自我的眼光

- 你認為「自己」重要嗎？你認同自己的價值嗎？
- 你會因為父母（他人）的評價，而影響你對自己的看法嗎？
- 就算表現不佳、讓人失望，你依然能為自己感到驕傲嗎？

這些提問是要你想想，平時的你是如何看待自己？是不是也常戴著別人的眼鏡在看自己？要透過別人稱讚、喜歡，你才能肯定、喜歡自己嗎？

練習二：檢視和原生家庭的關係

這個練習，是希望幫助你覺察自己和原生家庭的相同與相異之處。

- 你的原生家庭裡，最看重的價值觀是：＿＿＿＿＿＿＿＿＿＿＿＿

＿＿＿＿＿＿＿＿＿＿＿＿＿＿＿＿＿＿＿＿＿＿＿＿＿＿＿＿

＿＿＿＿＿＿＿＿＿＿＿＿＿＿＿＿＿＿＿＿＿＿＿＿＿＿＿＿

※ 可以思考看看，小時候家裡特別注重的事？當你做哪些事情，會分別被爸爸或媽媽讚賞／責備？或你們的家訓？……等等。

你認同的部分是：＿＿＿＿＿＿＿＿＿＿＿＿＿＿＿＿＿＿＿＿

不認同的部分是：＿＿＿＿＿＿＿＿＿＿＿＿＿＿＿＿＿＿＿＿

● 把你和父母的相同與相異處，填入這張表格：

		爸爸	媽媽
個性	相同點		
	相異點		
想法	相同點		
	相異點		
外型	相同點		
	相異點		
其他	相同點		
	相異點		

- 列出與父母的異同之後，帶給你什麼感受？你有什麼想法？

- 接下來，請你列出屬於自己的「獨特之處」。

  1. ______________________________
  2. ______________________________
  3. ______________________________

透過這個練習，你能清楚地看見，自己在想法上也許被原生家庭所重視的價值觀影響很多，身上也會有很多承接自父母的個性／想法／特質。但同時，透過寫下自己的獨特之處，你能看到自己依然擁有許多原生家庭以外的部分，而這些都在在證明，你是「獨立的個體」。這樣的練習能幫助你長出自我意識，鬆動你對自我價值的標準，不再將父母的評價視為自我價值唯一的評斷準則。

心理師給你的話

與父母的相遇，是我們無法改變的緣分。如果能相處得很好、彼此扶持信賴，那是很棒的緣分；如果有碰撞、摩擦、誤解，甚至撕裂，也不是少見的事，請別因此就過度苛責父母或自己。但這些都無法改變「你是獨立個體」這樣的事實。你不能等父母愛你，你才懂得愛自己。要記得，你是有能力掙脫鐵鏈的大象，只要你願意嘗試改變。

12 其實我很想拒絕他們，但也好怕撕裂關係……

「我不想再讀空氣、再看大家臉色了，因為……空氣不是用來讀的，而是用來呼吸的！」

——日劇《凪的新生活》

看過動畫《龍貓》嗎？有一幕是小月和小梅的媽媽躺在床上對爸爸說：「懂事的孩子往往更讓人心疼。」畫面裡的母親，表情裡有很多的不捨。因為她明白當孩子表現得成熟懂事，代表內心壓抑了想要賴、想偶爾不乖、想隨心所欲成為自己的渴望，並且盡量不惹人厭、不造成別人的麻煩。乖巧聽話的好處，是孩子換得了他人的喜愛；但付出的代價，是失去為自己發聲、真實做自己的勇氣，就像前一篇的巧巧。

十幾、二十歲左右的你可能很難想像，我在其他諮商室現場，也聽過四十歲左右的個案抱怨他們六、七十歲的父母：「為什麼我都成家立業了，他們依然不能尊重我的生活？」

為什麼已經是大人的他們，依然解不開渴望被父母認同的束縛？像是常年被圈養的象，多年的束縛成了習慣，無法看見自己不被束縛的能力。這樣的束縛又會接著帶來更多人際上的挫折，於是他們用同樣追逐父母認同的方式，去追求主流社會的認可。在職場上、友誼中，都透過討好和盲目追求「被喜歡」來找到自我定位。在汲汲營營的過程中，便忘記停下來釐清自己真實的價值。

用力讀著空氣，只怕換來過度換氣的窒息

我很喜歡日劇《凪的新生活》。女主角小凪是一位二十八歲的上班族，不論在工作上、感情裡，她就是那種會依循他人的表情動作，來決定自己該如何反應的人。在她的生活中，沒有自己的聲音；或者應該說，小凪在身分認同的過程中，不論擔任何種角色，**她總是依循著外在指標來定義自己的價值**。長期下來，她在與人相處上總是唯唯諾諾、委曲求全。

她與別人互動的準則只有一個：怎麼做才不會被討厭？比如說，其他女同事在工作上出了包，她一觀察到氣氛不對，就會自動跳出來揹黑鍋，替同事承擔。因為知道男朋友喜歡女生留著又直又順的長髮，只要男朋友留宿，她就會在天還沒亮時起床，用直髮夾搞定她的大澎頭，就怕男友知道自己其實自然捲得厲害。

小凪來自北海道的鄉村，長期以來都按照母親的期待生活。從小媽媽就將她教育成一個「不能令人失望的孩子」。仔細探究她們母女兩人的互

動，會發現小凪的媽媽是「情緒勒索」高手，就算長大後的小凪到東京工作，心裡依舊被媽媽牽動著。

看這部劇的時候，我不禁思索，出了社會、成為上班族的我們，以及我陪伴過的許多學子，會不會就像日劇裡的小凪一樣？就算離開家庭，依然持續尋求外界認同。

尋求他人認同，需要看懂周遭環境，並讀懂他人的臉色。日文裡將「察言觀色」比喻成「閱讀空氣」，是很微妙的形容。讀出空氣中的氣氛、嗅出環境裡只能意會不能明言的潛規則，或許是人在社會化過程裡慢慢形成的能力。但若「過度閱讀空氣」，過度體貼別人，將你察覺到的周遭一切情緒、壓力都歸咎於自己時，難免令人壓抑、令人難受，無法喘息。就像「過度換氣」般，明明是奮力吸氣，卻讓人感到窒息。

人生的改變，總發生在斷裂之處。這個故事轉折的契機，便是在小凪意識到她不得不改變的那一刻。

改變的第一步，是先懂得拉開距離

某天小凪又被同事凹著加班，晚上的辦公室裡空無一人，雖然已經習慣，但依然不免感到委屈，本以為已經夠慘了，沒想到卻又在走廊聽到男朋友的驚人言論：原來他根本沒有跟她結婚的打算！頓時風雲變色，小凪一直以為自己的委曲求全，最終會換來兩人從此過著幸福快樂的生活。當下她恐慌發作，被送進了醫院。

出院後，小凪決定改變。在經歷生命的斷裂與茫然之後，她決定進行生活斷捨離，拋下一切，辭掉工作、搬離原本租屋處、切斷與同事及男友的關係。**她決定變得「不乖」，不再順應社會主流價值，為自己切出一個安全距離。**

所謂「保持距離，以策安全」，在我們實際生活中，當然不可能像戲劇演的那樣，真的拋下一切遠走高飛，但我們依然可以適度拉開自己和外界的距離。而這個距離不只是身體上的距離，還有「心理的距離」。

有一個這樣的故事。在寒冷的冬夜裡，兩隻刺蝟冷得直發抖，於是牠們便決定相互擁抱，藉由體溫來為彼此取暖。但當牠們擁抱得越緊、越感受到對方的溫度，卻越被彼此身上的尖刺給扎得發疼。越是渴望對方的溫暖，就越是遍體鱗傷，但當牠們畏懼對方的尖刺而逃得遠遠的時候，又感到寒意刺骨，冷得受不了。直到最後一刻，牠們意識到最溫暖的距離，不該是兩人緊緊相依，也不是過度遠離彼此，而是在關係中找到「剛剛好」的距離。

心理距離（Psychological Distance），指的是人與人的互動之間有一條虛擬的界線，太過靠近或疏離，都會干擾到兩個人心理上的連結感，以及互動的舒適度。縱使物理距離和心理距離可能有一定的關聯度，但也並非絕對相關。也就是說，並不是兩個無法見面、沒有實體互動的人，在心理上就一定感到疏遠。就像在疫情期間，你與好朋友、同學們，為了防疫而必須減少實際互動，但藉由科技網路的便利性，我們依然能與人產生連結、維持關係而不感到孤單。

同樣地，當我們說要與父母開始保持適當的心理距離時，並不是指你就不再回家、拒絕與他們有實質上的往來；**而是在互動之中，找到自己的可為與不可為。換句話說，你得清楚自己的心理界限（Psychological Boundry）**，明白哪些互動模式會讓你感到難受不安，像是父母過多的要求，以及哪些事情，你會樂意為之而不感到痛苦。

你可能會問：「保持距離，難道不是一種逃避嗎？」**保持距離，是給我們空間照顧自己，同時練習辨識父母及他人的期待是否合理**。重要的人的想法，當然值得我們重視，但有時我們也得學會辨識其中的合理性。

還記得我們上一篇說的嗎？改變，需要從自己開始。保持適當的距離，是你可以給自己的照顧。而練習說「不」，是你可以採取的第一步。

說不，不是只有一種方式

為什麼我們害怕說「不」？因為「拒絕」通常會衍生出衝突、撕裂等負面的感覺，是一種令人感到脆弱的情境。所以害怕拒絕別人，也害怕被別人拒絕，可說是再自然不過的反應。

然而說「不」，只能有一種方式嗎？

中文在自我表達時往往是隱晦的，因此在拒絕時，也習慣用曖昧的說法，即是語言學家說的「委婉式」表達，說話時不直接表達想說的，反而是經過層層修飾、包裝與美化。除了表達客氣、不好意思之外，還可以避免直接溝通可能導致的傷害與負面感受。

例如，週末希望孩子回家的媽媽，可能會毫不修飾語氣，用所謂「命令式」的表達方式，例如：「你這個週末一定要回家！」

而害怕破壞關係的你，就容易用「暗示型」的方式，經過修飾包裝再回答，例如：「我這個週末報告有一點多誒。」

這樣的對話方式，表面上維護了關係、減少傷害，但事實上容易造成訊息不一致，不一定能確實傳遞想法，而失去了溝通的意義。但你可能會問，如果要明確表達，不就得用父母「直接而強硬」的說話方式嗎？那如果最後吵起來又該怎麼辦？事實上，從「直接命令」到「委婉暗示」，這中間至少還有四種以上的說法：

明確 ◀ 曖昧

- **發號施令：**「你不要叫我回去。」
- **直接拒絕：**「我不想回去。」
- **承擔責任：**「我也想回家，但我這週的作業很多，不留下來寫會來不及。」
- **提出建議：**「我的作業寫不完，這次先讓弟弟自己回去好嗎？」
- **邀請合作：**「除了回去之外，有沒有可能有別的方式，讓我們家人可以聚一聚，又讓我能完成作業？」
- **被動詢問：**「有沒有可能這週不要回去？」
- **曖昧暗示：**「我這個週末可能功課有點多。」

如果只用「暗示」的說話方式，別人不見得能聽懂你真實的想法，也會讓你持續壓抑實際感受。同樣地，如果一開始就用發號施令或直接拒絕的方式，也會造成彼此感受上的不舒服，自然會撕裂關係。

另外，你注意到了嗎？表達的方式，也可以從代名詞轉換上著手。從「你不要」到「我不要」之間，還可以放入「我們可以一起」的溝通模式。將代名詞轉換成「我們」，是一種溫柔也共好的態度（可以翻到第112頁，複習一下「我們訊息」的溝通說法）。

拒絕的方式不會只有一種，但不論是哪種方式，重點還是要開始嘗試。

練習與失望共處

從現在起，你可以練習和父母的過度期待保持距離，不刻意逃避也不躲藏自己的感受，不為反對而反對，不為討好而討好。要和父母保持這樣的距離，就是一個「練習與失望共處」的歷程。

適度地讓別人失望，讓他人知道你是有極限的，也有不擅長和脆弱之處，就是學會照顧自己的第一步。而保持界線的好處，是不讓人有機會過度介入自己的生活，攻擊我們最脆弱的地方。讓父母也練習與失望共處，將有助於他們看到你的真實樣貌，不再過度追逐「完美小孩」的假象，彼此才有機會建立完整與平衡的關係。

而我們自己也在過程中，學習到如何經歷失望並接受它。這是成長過程中一個很重要的能力，它讓我們在面對挫折時，依然能夠看到自己其他正面的部分。

要知道生命是自己的，**我們不必為他人的期待而活，也無須為他人的失望負責。**學著拉開距離也好、練習說不也好，最重要的是，在每一次的跌撞，都能夠越來越接近真實的自己，哪怕還是會有霧裡看花的時候，只要心中的指引燈塔能越來越清晰，那就夠了。

衝突情境的對話練習

- 想一個你與父母可能意見不同的情境，並用以下的對話展開練習。

簡單描述衝突情境：

____

____

這個情境中，爸媽通常的回應是：

「______________________________

______________________________」

而我的回應，通常會是：

「______________________________

______________________________」

- 想一想，這樣的溝通模式，通常會達成雙方都能接受的共識嗎？

- 如果不能，你會如何調整？

● 參考第 184 頁的七種溝通模式，試著用不同的說法來展開對話：

發號施令

「你______________________________。」

↓

直接拒絕

「我______________________________。」

↓

承擔責任

「______________________________。」

↓

提出建議

「______________________________，好嗎？」

↓

邀請合作

「除了______________________________之外，

有沒有可能有別的方式可以______________________________，

又能達到______________________________？」

↓

被動詢問

「＿＿＿＿＿＿＿＿＿＿＿＿＿＿＿＿＿＿＿＿＿＿＿＿＿＿＿＿＿＿＿＿＿？」

↓

曖昧暗示

「＿＿＿＿＿＿＿＿＿＿＿＿＿＿＿＿＿＿＿＿＿＿＿＿＿＿＿＿＿＿＿＿＿。」

做完這個練習，我會比較想用的表達方式是：＿＿＿＿＿＿＿＿＿＿

因為：＿＿＿＿＿＿＿＿＿＿＿＿＿＿＿＿＿＿＿＿＿＿＿＿＿＿＿

＿＿＿＿＿＿＿＿＿＿＿＿＿＿＿＿＿＿＿＿＿＿＿＿＿＿＿＿＿＿

如同文中提到的，我們通常害怕說「不」，但其實也有較溫和的說法。透過這個練習，你會知道自己還有很多選擇，並開始思考在什麼樣的情境，適合用什麼樣的說法。溝通本來就不是容易的課題，但只要慢慢練習，一定可以達到雙贏的溝通成效。

額外練習

以下幾種常見的衝突情境，你會如何表達你的立場與想法？
試著用上述七種溝通情境來練習。

- 父母規畫了家族旅行，但日期剛好撞上我非常想參加的系上活動，我會＿＿＿＿＿＿＿＿＿＿＿＿＿＿＿＿＿＿＿＿
- 如果我和父母不認同的對象交往，面對他們的質疑，我會＿＿＿＿＿＿＿＿＿＿＿＿＿＿＿＿＿＿＿＿
- 如果我決定選擇冷門科系／冷門的職業跑道，父母不同意時，我會＿＿＿＿＿＿＿＿＿＿＿＿＿＿＿＿＿＿＿＿

心理師給你的話

我知道在與人溝通時，你總是想照顧別人的感受，也希望不要撕裂關係，所以「Say NO!」這件事，總給你帶來討厭又麻煩的感覺。然而，它的確是我們人生中很重要的課題。懂得清楚表達自己的立場，是一種尊重自己，也為自己負責的表現。

不論是與父母還是朋友，在任何關係中，你都需要清楚知道自己的底線，與人保有恰當的心理距離。別成為渴望溫暖、卻又刺傷彼此的刺蝟。

13

我愛我的家，但我也拒絕回家。我到底怎麼了？

「能切割清楚的話就不是父子了。」
「不論怎麼扼殺自我，想切割清楚，父母就是父母，孩子也還是孩子。」

——日劇《我家的故事》

我曾遇過一位學生，小作，每回遇到連假前，總會氣沖沖地告訴我他有多麼厭惡回家。乍聽之下，跟前面的小優有些類似，但不同的是小作對父母的情緒，除了憤怒之外，還多了很多厭惡。

如果父母和孩子之間有隱形的臍帶，小作看起來比任何人都努力地想剪斷這個「臍帶」。他不是不曾理性溝通，但不管怎麼表達，他就是感受不到父母願意理解、接納他。小作是一個在外型上相對陰柔的生理男孩，他在意自己的打扮、喜歡時尚，在服裝選擇上，很容易被傳統父母認為「像個女生」！而自從上大學後，退去高中一身俗氣制服，小作越來越能夠隨心所欲地裝扮自己。他戴單邊耳環、穿寬鬆的褲裝、修眉毛、塗唇蜜，有時還會畫眼線。

小作在心理上依然認同自己是男性，只是他就是喜歡時尚，很享受讓自己變得漂亮而已。說實話，從我的角度看來，小作的造型真的非常賞心悅目，他很懂得善用自己外型的優點，並修飾自己的缺點。雖然他的打扮完全不是走「浮誇搶眼」系的，無奈對他個性上較為傳統保守的父母來說，衝擊力還是強了點。所以每次只要回家，爸媽就會對他明示暗示地一直碎碎念：「男生不要擦什麼口紅，不要打耳洞，這樣以後出社會會被瞧不起」「你的褲子太寬了啦，看起來像女生的裙子，會被誤會，以後不好找工作！」「你講話要放慢速度，尾音不要抬那麼高，會讓人覺得你沒有男子氣概！」

總之，小作的父母雖然沒有嚴厲斥責他，但他們就是很難接受小作的陰柔特質。只要他一回家，就會不停地被「提醒」，要他man一點。不管小作如何解釋，他的裝扮跟所謂社會地位、能力表現一點關聯都沒有，但依然堵不了父母的嘴，於是，小作對父母的厭惡感日漸升高。討厭他們，討厭回家，甚至刻意不進家門，好幾次明明回去參加同學會，卻躲在高中同學家，沒有讓家人知道自己的行蹤。

不僅如此，他經常浮現一種聲音：為什麼爸媽不能跟身旁其他的朋友一樣？就連路人都會欣賞他的美感，為什麼父母反而最不能接納自己？他越來越無法以平常心對待自己的原生家庭，甚至，明明同一段話，換成別人說了都不會不舒服，但只要是父母說，就容易氣得跳腳，格外不耐煩。

「老師，人家不是說，家應該是避風港嗎？像我這樣一直躲著不想回家，是不是代表我是個冷酷的人？」小作這麼問我，他擔心自己是不是有問題……

承認吧，我們都渴望「完美」的父母

我們都知道，父母對子女有期待，是再普遍不過的事。但你有沒有發現，其實我們也同樣期待擁有「完美父母」？**我們都希望父母無所不能，只是沒有察覺到這樣的渴望罷了。**

兒時的我們，一切都倚賴父母，不論是生活照顧還是心理支持。那時我們身形矮小，仰望著父母時，就如同看著巨人，覺得他們偉大如天，幾乎無所不知、無所不能。於是我們銘印了「**父母就是全知全能**」的印象。

逐漸長大的過程，我們對「完美父母」的渴望越發巨大：除了要給我們足夠的溫飽，還要能陪我們成長；最好呢，像我們肚裡的蛔蟲，任何喜怒哀樂與憂傷，都要全然明瞭；除此之外，我們更渴望他們能無條件接納我們的每一個選擇，還要他們情緒穩定……。總之，我們對「全能父母」的想像，不只是提供生理上的溫飽，還有心理上的全面支持。

一旦這樣想，**就會失去客觀的眼光，被自己的「信仰」蒙蔽，而忽略父**

母其實也只是普通人，有自己的需求、情感，以及限制。畢竟，沒有人是完美的，若持續將父母視為「完人」，那麼，你和父母的互動，就像是從一百分開始扣起的考卷，每次感到失望就扣一點，每次覺得難過就再扣一點；扣著扣著，直到這張記錄父母表現的考卷，慢慢變成不及格。

看見父母不及格的考卷，我們的失望便持續累積。

大家都說沒有比較就沒有傷害，要是我們不滿爸媽對待我們的方式，而剛好身旁又有人的父母偏偏做得到、做得好，我們更會不自覺拿放大鏡檢視這些差異，心裡忍不住會想：「別人的爸媽都做得到，為什麼你們卻不可以？」這不是我們失去理智，而是人往往對自己在意的事情格外注意，**所以當我們越看到別人擁有這些事物時，就會越放大自己的空虛感，以及相對剝奪感。**

父母對孩子失望的情緒需要修正，**而我們也需要正視、調整自己對父母那不合理的期待**，否則雙方就會像長期浸泡在有毒的關係裡，彼此的挫折感越疊越高。當雙方的關係修復不足，受傷、委屈、悔恨、憤怒等更多負面情緒就會接踵而來。

如果從生理的角度來理解，為了讓人類能有效生存，我們的大腦被設計得非常微妙。在沒有安全感的環境下，**會產生「打」或「逃」，也就是「戰鬥」或「逃跑」（Fight-or-flight）的反應機制**，幫助人類在評估環境後，做出能自我防衛的行為。而人在面對挫敗時，感受到心理狀態的不安，縱使沒有具體的生命危險，**但依然會在心理防衛上產生「主動攻擊」或「努力逃避」的情緒反應**。在這樣的機制下，當我們承受不了過多的負面情緒，會想切斷與父母的聯繫，甚至會假裝原生家庭從來不存在，直接逃開那些來自家庭的負面壓力。

可是人的關係，絕對不會只是全有或全無。

你逃避的是父母，還是自己心裡的矛盾？

對小作來說，明明是家人，卻無法給自己足夠的呵護與接納，無法理解自己對外型的喜好，甚至因此而否定自己的個性或能力，回家真的很痛苦。但即使小作表現出的態度是「一切都是原生家庭的錯」，但其實他心中暗暗自責的情緒並不會比較少。因為他在逃避父母的同時，也在潛意識裡責備自己：「怎麼可以不回家？怎麼可以怪爸媽？」**他依然用父母的「好孩子」標準來批判自己，就如同他的心裡也住了「內在父母」一樣。**前面我們提到了「內在小孩」，也就是成人的心裡住著一個需要被呵護、照顧的小孩；而所謂「內在父母（Inner Parents）」，**就是心裡彷彿有一位權威者，會用較為嚴厲的態度、較高的道德標準來批判自己。**

注意到了嗎？就算小作選擇不回家，他還是躲不了自己就是在意父母的眼光，躲不了潛意識中還是會用父母的眼光來評斷自己。於是，在拒絕父母的表面行為下，心裡也同時在跟「渴望父母認同」的自己，展開激烈的拉鋸戰。

很久以前看過一個美國影集《整形春秋》，一位女孩要求整形科醫師為她改掉原本就完美挺立的鼻子。醫生很疑惑，問道：「你鼻子又美又挺，是許多人爭相羨慕的模範，為什麼你刻意要弄扁它？」

女孩說：「因為我只要看見鏡中的鼻子，就好像看見我爸爸的鼻子！」影集裡的女孩來自辛苦的家庭，成長過程中，父親帶給她諸多苦痛；當她每次照鏡子看見自己的鼻子，就如同看見厭惡的爸爸。於是，在她終於存夠錢的時候，便下定決心要除掉那可惡的鼻子，如同除掉汙點般的過去。

然而，整形醫師拒絕為女孩動手術，這讓女孩非常憤怒。她對醫生說：「你根本不知道我經歷了什麼！」而醫生回答：「就算我現在為你換掉了鼻子，依然改不了你終究承載了一部分的他這個事實。一味地換下去，你又能換掉多少呢？」

女孩氣憤離去，她努力生活工作存錢，就是為了進行這個手術，但醫生卻不願意幫她！

女孩在自我認同的整合過程中，出現了強烈的排斥感。她不只討厭一切和父親有關的事物，更想否定「爸爸是自己的一部分」這個事實。無奈的是，醫生說的也是事實，她再怎麼換，也不可能換掉全身的DNA。

後來，女孩決定不整掉鼻子了。她告訴醫生，某天在剪腳指甲的時候，突然發現自己的腳趾頭，也和爸爸長得一模一樣。這讓她開始思考醫生說的話，並反覆思索，難道要換掉所有與父親相像的部位，才能真正地「做自己」嗎？劇情到最後，女孩終究沒有能力回去與父親和解，畢竟父親帶給的她實質傷害過於劇烈，使她沒有辦法直接面對。但她放過了自己，不管身上有沒有父親的印記，自己的人生終究是自己的。接納身上有父親的存在，就等於真實接納每一個面向的自己。

可以討厭，但不要否認，誠實面對自己吧

面對某些父母造成的傷痛與失望，我們確實可以覺得討厭，覺得不喜歡，這些都是真實的情緒感受。然而，我們無須否認這些反應，也不必因為有這樣的想法就責備自己，並接受**無論有什麼樣的情緒，都是屬於自己的一部分**。

當我們以嚴格的標準衡量父母時，往往也不知不覺落入了非黑即白的思維。你討厭父母用「好孩子、壞孩子」這樣沒有灰色地帶的標籤來評斷你，那麼，換個角度思考，**父母也不一定非「完美父母」就是「爛到爆父母」**；我們也要意識到他們可以是「夠好的父母」，也可以是「不完美的父母」，有犯錯、改進的空間。

或許在自我認同的過程中，我們都該更誠實地看待自己和父母的關係。不論是拒絕回家、對父母感到不耐煩，或是暴跳如雷，不見得是我們不夠有耐性，但那確實是我們在「我想達成父母的期待，讓他們高興」與「父母沒有盡到責任，讓我好失望，我討厭他們」兩種聲音之間拉扯的真實反應。

要打破這樣的僵局，我們都得認知到原來我們的父母，並不是完美的巨人！當你曾經認為的巨人不再令你抬頭仰望，那並非他折損、衰弱了，而是你已變得巨大。在逐漸長大的過程，我們註定會失去些什麼，而這就是完整自我認同的歷程。失去曾經仰望父母的眼光，有時是一種成長痛，但這也表示我們已有能力找到屬於自己的核心價值，學會誠實看待自己，也平等看待父母，逐漸學習成為一個成熟的人，不再以逃避或拒絕的方式面對衝突。

如實地看待自己和父母的每一個面向，是尊重自己，也尊重彼此關係的作為；不讓他人將期待過度加諸在自己身上，同時也提醒自己放下對「完美父母」的苛求，是給自己和父母的溫柔和解。**父母和我們都不是完美的，如實地接納，原諒父母也原諒自己**；可以有討厭的情緒，但不要否認它的存在，這都是我們可以給自己的生命，起碼的尊重。

練習誠實看待家人 & 自己的關係

請客觀地回答下列問題：

● 從小到大，我最欣賞／喜歡爸爸身上的特質／個性／想法是：

- ______________________________
- ______________________________
- ______________________________
- ______________________________

● 從小到大，我最欣賞／喜歡媽媽身上的特質／個性／想法是：

- ______________________________
- ______________________________
- ______________________________
- ______________________________

● 在其他家人（如：祖父母、長輩等一起生活的人）身上，我欣賞／喜歡的特質是：

- ______________________________
- ______________________________
- ______________________________
- ______________________________

●從小到大，我最不欣賞／不喜歡爸爸身上的特質／個性／想法是：

- ______
- ______
- ______
- ______

●從小到大，我最不欣賞／不喜歡媽媽身上的特質／個性／想法是：

- ______
- ______
- ______
- ______

●在父母（和其他長輩）身上，我發現我和他們的相同之處是：

- ______
- ______
- ______
- ______

- 在父母（和其他長輩）身上，我發現我和他們的不同之處是：
  - ____________________
  - ____________________
  - ____________________
  - ____________________

- 透過這些提問，我發現了什麼？
  （也可以結合第 173 頁的練習，找出自己更完整的樣貌）

透過這個練習，你將發現也許自己和父母身上，有許多的不同，但依然有相同之處。相同或相異，沒有全然的好壞；人的性格不會只是二元對立，而是多元複雜，有喜歡的地方，就一定也有討厭的地方。這個練習希望幫助你更誠實看待與父母的關係，使你對自己也能有更完整的了解。

心理師給你的話

我們總期待父母對自己能公平一些，希望他們無條件包容我們的好與壞，卻忘記自己也不該用要求完美的眼光來看待他們，於是對父母的失望轉化成了拒絕和討厭。

然而，你對父母失望或拒絕的感受，也都是你真實的期待及愛的表現。人的情感之所以珍貴，正是因為它是如此立體多元，就像你對父母的討厭裡，也包含著對他們的在乎。長大的過程，我們從仰視到平視父母，逐漸看到父母的能與不能，並學習接納他們的不完美。當你明白人生中的「好與不好」同時存在，你就更能放寬眼界，並珍惜自己的獨特樣貌。

Part IV

自我

修「情緒」這門學分，接住墜落的心

14

假裝沒事，但就是快樂不起來，我到底怎麼了？

「什麼時候我們開始無法像孩子一樣肆意地大呼小叫了？心裡的小情緒堆積得像山一樣高，直到溢出來。與其如此，不如永遠像孩子一樣。」

——《龍貓》

有時候，學生在踏入諮商室之前，會先發郵件到學校諮商中心，因為他們不確定自己怎麼了，也不知道諮商對他們有沒有實質的幫助；但是，他們想要求助的心聲是真實的。某天，我收到了這樣一封信。

老師：

請你告訴我，我是不是生病了？

我發現我最近變了，從前的我有衝勁，會笑、會唱歌。那時知道自己要什麼，也很喜歡跟人在一起。最近的我，卻不知道自己為什麼而活？

沒課的日子，我會睡到兩三點才起床，滑手機、看電腦，餓了也不想出去吃飯。

晚上也不想太早睡，早上又持續晚起。其實很多時候不是早上起不來，而是不想起來。

有課的時候，我會硬逼自己起床，出門、吃飯、上課、交作業。

只是我的心好空，像是有一個大洞，但我沒辦法說，因為沒有人會懂。

不只沒有人懂，其實我自己也不懂！

大家會跟我說：你都念到大學了，要好好照顧自己啊！

所以我只能假裝，假裝自己專心上課，假裝自己有寫作業，假裝自己好像是一個普通的大學生。我得假裝微笑，假裝自己沒事，假裝自己還活得很好。

對，我都在假裝！

他們說：你就是太好命，無病呻吟才會這樣。

我是嗎？可能是吧！

我一直覺得自己爛透了，覺得自己根本就沒有資格活著。

有時候，我會希望自己可以突然遇到意外，像是被車撞到，或是得到絕症，因為我對生命沒有留戀。不過，請老師先放心，我不會真的主動傷害自己，因為我不敢……

說來好諷刺，一個沒有生存意志的人，卻連死都不敢。

很可笑對嗎？沒關係，你可以笑，因為我也想笑我自己！

更可笑又可悲的是，我明明覺得自己爛，卻沒有勇氣承認自己爛透了！

我就是不敢對人家說：「嘿！我覺得自己很爛欸！」

老師，我該怎麼辦？

漂浮的浮萍　敬上

負面情緒彷彿是會呼吸的痛，想逃卻找不到出口

是的，這一章我們要來談談「情緒」這件事。

每個正在經歷憂鬱折磨的人，背後總有許多令人心疼的故事，我在諮商室也遇過無數讓我忍不住一起掉眼淚的人、事、物。而他們的共通之處是，都像被憂鬱層層包裹著的繭，透不進任何希望的光。

如果這種鋪天蓋地而來的負面情緒，也正困擾著你的生活，那我想告訴你，你並不孤單！近年來，越來越多憂鬱的學子，好像「浮萍」一樣，失魂落魄地漂蕩於校園的角落；校園的心輔中心、諮商中心，排隊預約的人也越來越多。那種低潮如同圈禁著雙腳的鐵鏈，沉重得讓人舉步蹣跚，卻又找不到方法帶自己脫離這種黑洞，甚至開始否定自己存在的價值。

有時候，這種「表面看起來沒什麼」的憂鬱狀態，不一定會被發現。和重度憂鬱不同的是，這些憂鬱被藏在「看似正常」的面具下，一切都偽裝得很好，還能正常上課、完成作業、參與社團、打工……等。這類的憂鬱

型態表面上看起來程度較輕，生活功能還能維持，這幾年開始有不少國內外的學者，稱這樣的狀況為「高功能憂鬱狀態」。

不過我必須強調，所謂的「高功能憂鬱」，並非正式的臨床專業用語，也不是正式的診斷分類，目前也缺乏足夠的相關研究。然而，關於情緒疾患的診斷，一定得經過精神科醫師評估，千萬不可以單純閱讀文字上的描述，就認為自己絕對是生病了！但以下幾個種狀況可以提供你自我檢測，協助你思考：自己是不是需要進一步找人聊聊了？

1. 覺得自己總是在人前強顏歡笑、戴著面具度日。
2. 不管休息再久，依然容易疲憊，對生活提不起勁。
3. 就算開心的事情發生，喜悅的感覺不會持續太久，便會立刻被疲憊、麻痺、無奈、焦慮等各種情緒取代。好像沒有什麼事情，令你由衷地、持續地開心很久。
4. 表面上你的生活忙碌充實，但大多都是提不起勁地勉強在做。
5. 總是懷疑人生，質疑自己的能力。經常反射性地自我批評，不管如何努力，你還是覺得自己不夠好。

6. 即使遇到成功經驗，也覺得只是自己幸運。認為自己沒有資格享受成功，更不該有滿足的感受。

7. 雖然偶爾還是會有幾天算是「正常」的好日子，但大部分的時候，都是糟糕透頂。

8. 當你向別人傾訴，卻沒有人能了解你的心情，於是「開口求助」成了最困難的事情之一。

9. 總之就是快樂不起來，而你痛恨自己的不快樂。而且這種狀況維持了好久，久到你都不知道，自己到底忍耐多久了。

你為什麼憂鬱？逃不了的牢籠，習得無助感

或許你會想問：「我到底為什麼會憂鬱呢？」我有一個研究可以跟你分享。這是一九七五年美國心理學非常著名的研究：科學家將狗兒關在通電的牢籠裡，只要小狗試著掙脫牢籠想闖出去，就會遭到電擊。多次嘗試以

後，狗兒們逐漸學習到「不論多努力，都只會帶來痛苦，根本沒有掙脫的可能！」於是，就算最後科學家將籠門直接打開，也不再通電，狗兒們依然消極地趴在地上，完全喪失逃脫的動力。

最終狗兒放棄努力了，因為牠學到：不論再怎麼努力，都是徒勞無功。這是心理學裡非常著名的概念：「**習得無助感（Learned helplessness）**」。

科學家認為，在人類身上也能觀察到「習得無助感」的狀態，並且很有可能就是造成我們落入情緒困擾（憂鬱、焦慮等）的心理機制。如果你正經驗著高濃度的挫折，不管是在課業、人際或是家庭關係上，當你試圖扭轉困境卻一再失敗，就有可能慢慢落入「我想放棄了」、「努力也沒用」的情緒漩渦。

當然沒有人喜歡這種感覺，我自己也不喜歡！你極度討厭自己一直停留在負面情緒，所以開始指責自己，懷疑自己是不是挫折耐受力太低。但我要跟你說，才不是這樣子呢！相反地，**那更可能是你總是苛求自己完美，**

但反覆努力依然達不到至高標準，才落入那樣的狀態。

感受沒有錯，請好好擁抱它

不知道你有沒有注意到，越來越多的心理學家和心理勵志書籍，都開始呼籲「別害怕自己的情緒，而是要擁抱它」。因為不論如何，情緒都沒有對錯之分，**不管是正面還是負面情緒，它理應都是美好與自然的存在，而且帶著意義。**

情緒有高低起伏是很自然的事，為什麼一定要拒絕那些負面感覺呢？為什麼非得逼自己快樂不可？我知道來到大學的你們，常常聽人說「追逐快樂等於追逐幸福」；而各式祝福別人的賀詞也脫離不了這樣的邏輯：生日快樂、放假快樂、開學快樂……，好像追求幸福快樂是人生唯一的答案。但，有誰的生活會永遠幸福快樂？生命中的低潮、挫折，不也是常見且「正常」的狀態嗎？

有時你拒絕變得情緒化，其實只是不想要負面情緒而已。你依然渴望擁抱喜悅、興奮、愉快的感覺；但，你不要任何的負面狀態。如果你有這樣的情況，也先不要苛責自己，因為問題在於我們的成長環境，容易汙名化**負面情緒**。

如果今天你有任何身體不舒服，像是頭痛、感冒、骨折，你一定一點都不怕被知道。但心理的不適呢？是不是就算想承認、想傾訴，也還是會害怕別人用你憂鬱的片面狀態，解讀成那就是全部的你？所以你明明感覺焦慮，卻壓抑自己；明明感覺憂鬱，卻強顏歡笑，不想接納自己的情緒，就如同寫信給我的「浮萍」一樣，與自己當下真實的情緒狀態失去連結！

適度允許自己擁有負面感受，是你可以放過自己的方法。每種情緒，都是自然也理所當然的存在。如果長期漠視自己的感覺，否認低潮狀態，又強迫自己一定要「堅強起來」，就可能越發不敢尋求幫助，於是放任負面情緒在心裡潰爛，那就是另一種對自己的嚴重傷害。因此，學會擁抱自己的所有感受，並學著調節情緒，是我們的重要課題。你可能會問：「道理我都懂，但我不知道要從何開始？」

我會這麼回答你：在能夠好好調節情緒之前，**請先練習與它共處就好。**

接住自己的情緒，從「共處」開始

走過雪山隧道嗎？每次進入隧道裡面，我都怕死了，也一定會閉上眼睛讓自己儘快睡著。為什麼？因為它和別的隧道不同，它「長」得可怕。進入一般隧道時，你會看到遠方有一個很小很小的亮點，雖然小到不行，但你知道它在。所以只要持續前進，就會走到出口。

與負面情緒共處，就像是走在雪山隧道裡的感覺。隧道裡的壓迫感令人窒息，而它幽暗冗長，也沒辦法讓我們立刻看到前方亮點，只能一直走、一直走，也會在中途幾度懷疑：那個亮點到底會不會出現？

如果你也有這種感覺，我想跟你說：**沒關係啊！覺得累了，就慢慢走。**就算有時想停下來也沒關係，喘口氣，腳步慢一點，總是會找到出口的！

隨時記得跟自己說：這些都是暫時的。生命的每個轉折處、所有令你痛苦不堪的缺口，都會隨著時間慢慢癒合、復原如初。**這件事不會立即發生，需要你給它時間；相反地，若你越是抗拒，就越容易過度用力，反而會被情緒大浪給吞噬。**

你唯一需要努力的，就是「**相信自己可以走下去**」，接納自己內心的慌亂，接納自己感覺很糟，接納自己的不完美，然後，**跟這些不舒服的感覺共處。**

阿德勒相信，人該被「整體」地看待，當我們遇見憂鬱、焦慮、恐懼的情緒時，請記得那並不是你的全部，只是整體生命的片刻經驗，而你都有能力和它們共處，等待它們過去。而拒絕相信它們的存在，並不會讓你比較好。

所以不要急，等待是與情緒共處的關鍵。等待焦慮過去，就像是等待漲潮的海水退潮。只要自己的心能再次靜下，你就能夠一次次地進步，慢慢學習調節情緒的能力。

當負面情緒來襲時，我可以告訴自己……

在能夠調節情緒之前，我們得先學會和情緒共處。 從「不舒服」到「接納」的過程，一定不會是平順坦然，過程中會有許多焦慮，不安全感也可能不斷浮現，但這些都是必然的歷程，就像是傷口結疤時的搔癢難耐。

如果你正在經歷負面情緒，你可以告訴自己：

1. 我正在體驗某個情緒，但它並不是我的全部。
2. 是我「感覺」很不好，不是我本身不好，不要責備自己。
3. 情緒只是現在經歷的一個現象，我所擁有的絕對比此刻還多，別就這樣定義自我價值。
4. 我不用迴避這些情緒，但也無需刻意浸泡在裡面。
5. 我可以允許自己擁有各種情緒。
6. 雖然不知道得等多久，但我願意等待。
7. 沒有過不去的事，現在的我沒辦法度過低潮，不代表永遠都無法度過。
8. 我值得被聆聽與陪伴，需要時，我願意找人陪我度過。

與情緒共處的方式不只一種，這裡列出心理學家們認為對大部分的人有用的方式，提供你參考。但我建議你依照自己的個性，找到適合自己的方式。

1. 正念冥想、肌肉放鬆或腹式呼吸練習
2. 轉移注意力的活動（例如：聽音樂、運動、閱讀）

3. 好好睡一覺
4. 用不傷害他人與自己的方式，表達自己的感覺
5. 若說不出口，就寫下來，或是畫出來
6. 找人陪著你，就算做不了什麼也沒有關係

正念冥想是這幾年非常受到討論的一種照顧情緒方式，其中我特別推薦「身體掃描練習」，這也是在許多放鬆練習之中，我認為相對容易上手的一種。一開始不需要進行太久，先從三、五分鐘開始。你可以在網路上或是 Youtube 頻道找到相關的影片，讓自己跟著練習、放鬆。

心理師給你的話

不管你選擇哪些方式度過悲傷，重點是不要放棄自己！請你用一點耐心陪伴自己，也允許別人陪伴你。

等待情緒過去，真的很不容易。那種感覺就像站在海灘上，等著浪花打過來一樣！當浪小一點、自己狀況好一點時，只要屏氣忍耐一下，浪就過去了；但有時候情緒波浪來得又急又猛，若沒有力氣撐過這個浪，不如就等它自然過去，被沖走也無所謂。當你越與浪抗衡，恐怕會更加耗費力氣，增加自己的負擔。

唯有願意等待，才有機會體驗風平浪靜的美好。等情緒的翻湧退去，你就能再次享受寧靜。

15

我以為自己是壓力大才狂吃，但真正的原因藏在情緒之後？

「哭泣，幫助我們放慢速度去檢視生命中遇到難題的重量。」

——《腦筋急轉彎》

彩月是一位跟研究論文奮鬥已久的學生，最近論文階段逼近尾聲，為了協助她處理壓力和時間管理，我們已經會談一段時間了。她對生活的掌握度很高，也不斷地尋求時間安排的ＣＰ值，要求高效率地使用時間，希望自己能如期完成論文。

「老師，我最近每天都反覆懊悔一件事。」放完連假，隔了兩週見到彩月時，她這樣說道。這半年以來，彩月很規律地維持生活習慣，嚴以律己的她，中午用半小時簡單吃一點東西，晚餐就算吃好一些，用餐時間也不會超過一小時。

「我最近都會忍不住吃太多，也吃超過自己規定的時間！而且每次用完餐，不但沒有滿足感，反而好後悔。」

原來連假期間，彩月發現自己會刻意去找東西吃，就算不餓，只要是在正餐時間，她就會想要「好好吃一頓」，而且總忍不住吃太多。花在吃飯的時間，比以往更長，但就算吃到自己想吃的東西，也不會特別開心。

「而且吃下這麼多東西後，總感覺身體血糖飆高，整個人昏昏重重的。下午的工作效率很差之外，身體還很不舒服，一點都沒有『好好吃飯』的滿足感。」彩月又懊惱又焦慮，每次只要不小心吃太多，就會開始責備自己為何把持不住；但是，隔兩天便再忘記前一次的懊惱，覺得自己好像「該」吃一些東西。就這樣陷入討厭的循環。

「老師，這是不是一種強迫症啊？」彩月身形瘦小，說實話，如果她所選的食材是健康且均衡的，好像也不會是太大問題。問題就出在她的「反覆性行為」以及進食之後所產生的自責情緒，感覺需要好好釐清她是怎麼回事了。

看！你的感覺其實不只一種

我並不是精神科醫師，因此無法直接論斷彩月是否符合「強迫症」的病徵，這需要她到身心專科就診後才能判斷。身為諮商心理師的我，可以做的是協助她清楚自己的狀態，並陪伴她走過「調節情緒」的歷程。還記得我們上篇提到「接納自己的情緒」嗎？接著，我們就要來談談如何「辨識自己的感覺」。

阿德勒相信，人類的情緒和感受都是有意義的。感受是人們內在狀態的重要指標，告訴我們關於自己的一切。身體上的感覺會告訴我們「身體的訊號」，**而情緒感受就是我們「心理的訊號」，提醒我們要關注自己內在**

的需求。

當你越能清楚地辨識自己正在經歷哪一些感受，以及它們的差異，就越能幫助自己轉換這些感覺，降低生活上的干擾。你可能沒意識到，「辨**識自我感受」其實是你年紀很小的時候就已經具備的能力**。根據兒童發展理論的研究，嬰兒在一歲以前，就會逐漸發展完成「喜悅」、「憂傷」、「生氣」、「驚訝」、「害怕」、「厭惡」等六種基本情緒；同時，他們也能夠藉由辨識他人的表情，來推測他人的情緒。因為嬰兒的語言能力有限，發展這樣的能力，能幫助他們與世界溝通。看到了嗎？其實情緒的存在，**對人類的生存具有重要意義！**

經歷喜怒哀樂等各式豐富的情緒，能幫助你釐清自己的渴望、需求、目標、限制、界線等等。很多時候，你恐怕低估了情緒的重要性，忘了辨識情緒其實是相當有意義的一項能力。

情緒的英文是「Emotion」，其實就是「E+Motion」。在英文中，當e為字首時，有「推動、延伸、加強、促使」的意思，而motion代表著行

情緒 Emotion = E（推進）+ Motion（行動）

動。這表示什麼？**情緒的存在，是為了引發行為，驅使你產生更進一步的行動**。例如：當你感覺到厭惡或害怕，便代表有不舒服的刺激源正在發生，而你的「感覺」在提醒你：該離開了！促使你往與現在有所不同的狀態行動。而當你感到開心或興奮，也是它在告訴你：你喜歡這樣的狀態，繼續享受吧！

當你更加誠實地去覺察自己的情緒，它便會為你指引行動的方向，將你帶往最真實的「渴望」。所有情緒背後都有潛在的渴望與意圖，因此能察覺並辨識自我感受很重要。一來，你能清楚知道自己的界線，並找到與外在世界和平共處的區間；二來，當你能有效地解讀情緒背後的渴望時，才能真正了解自己、與自己好好相處，帶來更平靜自在的生活，而不是被情緒控制。

為你的情緒命名

想想在生活中，你最常有的感覺是什麼？

高興？憂傷？生氣？害怕？厭惡？不論是哪種情緒，涵蓋的層次其實都很多。光是「高興」這個情緒，就可以有不同樣貌與程度的表現形式。因此，要能學會調節情緒之前，你得先練習辨識這些不同樣貌的感受。

每當有事情發生（不論好事、壞事），並引發你的某種感覺（不論正向、負向），你都可以先去感覺，並且辨識它們，試著找出情緒可能的標籤（像是開心、生氣、傷心、驚訝……等）。接著，再從大類別裡，往下進行更細緻的分類，找出更貼切的情緒形容詞。這樣的動作，這就是所謂的「情緒命名」。比如說，當我們與人互動時，遇到別人對我們沒來由的不禮貌，往往會讓我們感到「不舒服」，你可以將這個「不舒服」先概略分類到情緒的大類別裡，像是「難過」、「生氣」等。你可能會體察到，這個「難過」的感覺若再更細緻地分類或命名時，似乎更加貼近「受傷」、「委曲」的感受。

😄 喜	😠 怒	☹ 哀	😨 驚
放鬆	不耐煩	無聊	煩惱
享受	厭惡	尷尬	不安
愉悅	嫉妒	孤單	焦慮
驕傲	生氣	受傷	害怕
滿足	挫折	自責	恐懼
興奮	暴怒	憂傷	驚嚇

這個練習或許一開始不太容易，所以我製作了這個表格，概略列出四種情緒的分類，以及它們可能包含的情緒。你也可以用它來作為參考，好為自己的情緒命名。

當你試著去探索自己的感受時，會發現情緒其實非常豐富多元、富有層次。比如說，當你覺得「高興」時，可以去區分到底是享受？愉悅？滿足？還是興奮？再舉個例子，當你正在生氣，你可能覺察到情緒裡還包含了無奈、挫折或嫉妒的感受。

一旦你與情緒建立的連結越多，這張表格便能一直往下延伸，你也越能精準地為某種感受命名。當你對自己的情緒掌握度變高，便能更加理解、接納自己，減少與情緒拉扯的情況，也才能更有效地調節情緒。

覺察，就是改變的開始

覺察即是停損點，也是我們學習調節情緒、改變行動的開始。在諮商過程中，引發個案對表象行為和情緒的覺察與認識後，有助於我進一步探討這些情緒冰山下深層的需求，而這個過程有時不容易，因為人心是複雜多變的。**表層行為下的情緒和感受，有時得撥開好幾層才能看得懂。**

於是我問彩月：「當你在吃飯的時候，有沒有注意過自己真實的感覺是什麼？」她想了想，說：「好像不是我真的『想吃』東西，我覺得比較像是……『我不想停下來』。」「怎麼說？」我持續問下去。

就這樣，在我和彩月一來一往的討論中，我們發現她在吃飯的過程中，食物並不是帶給她最大期待以及滿足的因素，還有別的事物真正讓她感到享受。她告訴我當她在用餐時，會拿出手機開始看劇，讓腦袋放空，遠離那些論文、研究、報告，好好享受與課業不相關的事物。彩月說：「這半年來，因為論文的壓力，我已經好久沒有好好追一齣劇、看一場電影了。」

「因為吃飯是個很『正當』的理由，所以順便看劇也沒關係！」這是她潛意識裡的念頭。藉著「吃午餐」這個名正言順的理由，可以讓腦袋放空，遠離她理智上覺得應該掛心的事物（論文、畢業），並且去做這半年來她不允許自己做的事情（追劇、放鬆）。

我接著問：「如果你可以和自己那個『想一直追劇的渴望』對話，你覺得那個渴望的感受，在告訴你什麼？」

突然，彩月的表情一閃，睜大了眼睛說：「老師！原來我不是為了吃而吃，**我是渴望有一段時間可以讓腦袋放空、輕鬆追劇？**」彩月對於這樣的發現，嚇了一大跳。「我以為我只是渴望靠食物來排解壓力而已。」這時，彩月終於找到了自己過度進食背後的真實意圖了。

把情緒當盟友，它會對你說什麼？

學寫作文的時候，有個技巧叫做「擬人法」，將抽象或無生命的事物，用「人」的形象來表現。皮克斯電影《腦筋急轉彎》（*Inside Out*）就用了這樣的手法，描述一位進入青春期的少女腦內五種基本的情緒感受，讓他們化身成人，活靈活現地展示在觀眾眼前。雖然這些感受不是真的「人」，但他們確切地表達了每種情緒各自的目的與意義。

你是否想過，若將你常有的感受「擬人化」，他們會是什麼樣貌？若能與之對話，你會跟他們說什麼？思考這些問題，將有助於你辨識自己內在的感受，並理解自己在表面的情緒之下，真實的渴望與意圖。

「對於這個發現，你有什麼想法？」我問彩月。她回答：「我想我應該要放過我自己，如果只是想放空，何必虐待身體，為了吃而吃？」彩月笑了，那是一個自由且燦爛的真實笑容。**這也意味著她突破自己一直以來的行為框架，當她覺察自己真實的想望，知道自己其實只是需要放鬆，就可以對症下藥，找到平衡的作為，**來替代過去無效的方式了。

「那你接下來打算怎麼辦？」我問她。她回答：「我想不管多忙碌，我應該都會找機會讓自己適度地放空！」她為自己找到了新的作為。

就這樣，**透過清楚辨識自己的情緒之後，我們可以試著去找到情緒背後的想法，也藉由察覺這個想法，擬定新的行動計畫，來改變原本的行為模式。**像原本過度進食的彩月，其實也只是想適度休息；在覺察真實的想法之後，我和她討論每週允許自己騰出放空、運動、看劇的時間，如此也大幅降低了過度進食的行為，放過她可憐的腸胃一馬。

學會與自己的情緒共舞，是一段需要長期練習的歷程，坊間和網路上都有非常多與情緒調節相關的書籍與影片，你可以透過搜尋「情緒調節」、「與情緒共處」、「情緒對話」等關鍵字，來協助自己更進一步蒐集相關資料，進而練習覺察並認識自己的感覺。也希望下一頁的練習能提供你一些方向，學會與自己的情緒相處，並找到調適自我情緒的方式。

補充認識 情緒性進食（Emotional Eating）

這是在近幾年逐漸被觀察到的一種現象，心理學者發現有些人吃東西並不是單純為了「從食物本身獲得滿足」，而是用「吃東西」這個行為來面對壓力、焦慮、痛苦，甚至是用吃來作為自我獎勵的方式。外國的心理健康網站，在二〇二一年九月公告了一份一千八百人的調查，發現在疫情居家隔離期間，有百分之五十的人表示自己吃零食的頻率和總量更勝以往，而這當中有一半是出於無聊，又有四分之一的人認為，自己過度進食的習慣已經失去控制了。

偶爾靠吃來好好放鬆，鼓勵自己一下，並沒有太大問題，但情緒性進食會造成惡性循環，以及引發後續的心理負擔。因為情緒性進食反映的是「心理飢餓」而非「生理性飢餓」，也就是身體並沒有真的需要這些食物。

它的循環會像是：「發生了一些讓我心裡覺得不舒服的事情」→「怒吃一波來安慰自己」→「吃超過自己真實所需」→「吃完後感到嚴重自責，或高度無力，好像自己被食物控制了一樣」。

若你有能力辨識出自己是否正在經歷情緒性進食，能幫你找回對身體的自主權，不再為吃而吃。心理的飢餓，並無法光靠「身體吃東西」來獲得滿足，形成惡習後，反而會造成身體的負擔與傷害。要如何避免情緒性進食，這裡也提供幾項建議：

1. 聆聽身體的訊息：吃東西前喝杯水，感受身體的真實訊息，並問問自己是真的餓了？還是只是想吃？
2. 練習正念飲食法：專注在「吃東西」本身，細嚼慢嚥，讓自己完全感覺食物在口中的滋味，專心地吃，不要同時做其他事情（例如：不要邊滑手機邊吃飯）。
3. 別靠吃來處理壓力：若在某事上感到壓力，請在生活中確實積極處理，「吃」並不會讓壓力事件不見。靠吃來處理壓力，永遠不會有「塞飽」的一天。

最後很重要的一點，停止自責！吃了就吃了，自責並不能改變你已經吃掉食物的事實。若讓自己落入自責情緒，恐怕會加深心理負擔，令你更感到失控和挫敗。

練習與情緒共處

練習一：為自我情緒分類與命名

這裡列出了一些常見的情緒標籤。請試著貼近自己的狀態，並參考這個情緒清單，回答以下的問題。

情緒清單

焦躁 快樂 麻木 悲傷 自在 孤獨 舒服 愉悅 平靜 悲傷
嫉妒 疲憊 不安 冷漠 自卑 委屈 害怕 反感 快樂 享受
興奮 無望 真誠 尷尬 羨慕 開放 憤恨 被愛 受傷 困惑
擔心 自責 熱情 罪惡 痛苦 滿意 安全 煩悶 驚喜 懷疑
幸福 信賴 自豪 滿意 自由 壓抑 不足 厭惡 想逃 恐懼
舒適 挫敗 失望 痛苦 暴躁 放鬆 羞恥 害羞 期待 不屑
無趣 不爽 被背叛 悶悶的 有自信 有敵意 有壓力 被攻擊
被拋棄 易被激怒 充滿活力 其他

※ 這些情緒沒有等級或刻意分類，只是故意將正負面情緒打散，幫助你在閱讀的時候，一字字地去體會每種感覺。

- 這些情緒標籤中，你最常經驗的情緒有哪些？
- 你會如何為自己的情緒分類？（例如：喜、怒、哀、驚）
- 你最常出現的情緒，大多是正面的，還是負面的？
- 你能說出自己在各種不同情境下，最常出現的情緒會是哪些嗎？
- 你都用哪些方式（語言、動作、表情等）在展現這些感覺？
- 當這些感覺出現時，你知道自己的「身體」會有哪些反應嗎？

延伸練習

請挑一個你最常經歷的感受，試著用直覺「描繪」出這個感覺。你可以用線條、符號、色塊、火柴人，甚至用各種不同的媒材來詮釋這種感受。請記得這不是「藝術比賽」，不需要你做出什麼完美作品，只需要將你內在的感受，透過賦予外在的形體表現出來。

具體化、視覺化情緒感受之後，試著與它對話看看。聽聽這個感覺，會想對你說些什麼？

練習二：五步驟，學習與自己的情緒正向共舞

在經歷生活中的大小情緒時，可以透過下列這五步驟，練習陪伴且調整自己的感覺，學會與自己的情緒相處。

STEP 1 靜

靜下腦中紛亂的思緒，去感受自己的內在，
意識到自己的情緒正在發生。

STEP 2 看

試著辨識出自己正在經歷的感受，可能包含哪些情緒？
屬於哪一種向度？正向？負向？強度如何？
可以透過練習一的情緒清單，找出最接近的描述。

STEP 3 聽

傾聽自己的情緒，詢問這些感受在告訴我什麼？
你可以將自己的情緒擬人化，並問問它：
「如果你在對我說話，你會對我說什麼？」

STEP 4 探

接著，詢問這些感受，是不是想提醒自己該做些什麼？
或不該做些什麼？
可以問一問你的情緒：
「你是不是其實有真正渴望的目標或事物想被滿足？」

STEP 5 行

探問出內在的想法與渴望後，為自己規畫具體的行動。

可以思考下列問題：

- 如果要滿足我的渴望，可以採取哪些行動來達到目標？
- 具體來說，我會怎麼從小步驟開始？
- 這個行動會不會造成我更大的困擾？
- 如果會的話，我將如何調整我的行動？

心理師給你的話

每種情緒與行為的背後，往往藏著潛意識內的渴望，即是所謂的「正向意圖」；唯有看見自己的正向意圖，我們才有機會與自己和解，不再為難自己。與情緒共舞，本就是不容易的課題，但越早開始練習，越能幫助我們從情緒枷鎖裡獲得自由。

有效管理與調節情緒，是協助你邁向成熟大人、減少成長痛的重要關鍵。阿德勒說：「別成為情緒的玩物。」讓自己成為情緒的主人，不是忽略，而是懂得傾聽自己的心。

16

總是覺得比不上別人，要怎麼肯定自己？

「曾經，我好討厭一個人！討厭到了每天都哭的地步！但所幸，我已經和這個我最想好好相處的人，和平共處了。那個人，就是我自己……」

——日劇《我們的奇蹟》

你有沒有很討厭自己過？很討厭、很討厭……討厭到恨不得自己最好可以「消失不見了」？討厭到完全看不見自己有任何存在的資格？但你知道嗎，被自己這樣厭惡的你，依然有值得欣賞的亮點。

我有個學生大雄，對自己特別自卑。他來自鄉下地方，藉由繁星入學機制來到大學，上課時看到教授在臺上講得口沫橫飛，同學認真抄筆記，自己卻像鴨子聽雷，完全跟不上。他覺得自己資質不夠，所以更努力在班上追著同學的腳步，平時下課也會拜託同學跟他分享筆記，考前更是會格外加強自己的弱勢科目。即便如此，但他每一學期都追得很辛苦，深深感到自己的不足與限制。

大雄來找我的時候，頭總是低低的，聲音很輕，眼神也飄忽閃爍，看起來就很沒有自信的樣子。但他笑容靦腆，每次講到願意幫助他的同學，都懷抱著無比感激的心；他覺得比起同學給予的幫助，他實在沒有可以回報大家的。他很生氣自己在課業、分組報告的無用，於是只要同學在其他地方有需要，他一定努力回報，舉凡社團活動、宿舍搬遷、班級競賽，只要能做的，他一定會用力幫忙。

「都已經在功課上幫不了大家，還要靠別人了，總要在其他事情回報一下吧！」他搔搔頭，靦腆地說。

但我在和大雄談話的過程中，卻注意到他身上一個亮眼的特質，是他自己也沒有注意到的。雖然他總覺得自己不如人，但卻正是這一份「覺得不如人，無法幫大家忙」的想法，驅使了他更賣力在同學之間付出，而他的真誠以待，也讓大家更想接近他，更願意幫助他。那種長久以來綑綁著他的「自卑」，說穿了，正是驅動他發奮向前、突破困境的正向力量。

自卑底下，其實蘊藏你強大的能力！

所謂「自卑」是什麼？那是一種我們覺得自己不如人、永遠都不夠好的感覺。而個體心理學大師阿德勒則認為，正是這種「悶悶的，覺得不夠好」的感覺，驅使人行動，在心裡產生一種「想去翻轉生命」的刺激。美國心理學家魯道夫・德瑞克斯（Rudolf Dreikurs）認為，人的自卑感來自三種因素：生物性的自卑（biological inferiority，指人類生理性上的不足）、人類宇宙性自卑（cosmic inferiority，指人類體悟到自己在宇宙世界中的渺小與微不足道），以及社會性自卑（social inferiority，即是人類在社會脈絡，與他人比較下，自覺不足的感受）。阿德勒的經典名著《自卑與超越》一書中也明確地說：「**自卑感（覺得不夠好）的感覺人皆有之，如果運用得當，其實是一個健康的正向力量，也是可以翻轉我們的良好能源。**」因為人類的整體運作與進步，就是基於想要克服「不夠好」、追求「更好」的心態。雖然我們的語言文化中，已將「自卑感」視為一個負向的詞彙，但從阿德勒心理學的角度來看，自卑感受（inferiority feeling）是人必定會經歷的歷程，但我們也能夠以此凝聚向上翻轉的力量。

就像大雄，即是落入了社會性自卑，從小到大持續與他人比較下，總覺得自己不夠好、能力不如同學，但這樣的心境也讓他想著：「我要努力跟上大家！」於是產生一連串後續「奮力追上」的行為決定。他不只在團體中努力幫助同學，也參加其他校外的補習；放假時他常在圖書館念書，也會跟學長姐借筆記，這些都是他努力想補償自己不足的方式。

你不妨也想想你自己，在生命中一定多少都有過覺得自己不如人、比較差的感覺，對嗎？然而，你是否有機會更客觀地看待這個經驗？這個「不如人」的感覺，有沒有曾經為你帶來什麼行動上的改變，甚至收穫？

跟你分享我自己的例子。從小到大，和班上那些大眼動人、長髮飄逸、氣質出眾的同學相比，我一直都是個不起眼的小孩，沒有出眾的外貌、沒有漂亮的成績，在班上別說老師了，同學也很少把我當作核心人物。小學三四年級時，還發生過想要約同學來家裡陪我慶生，卻一個人也沒有的悲慘事件。但慢慢地，我長出了一個特別的能力：說笑話！我發現只要我在與同學相處時，適時地成為潤滑劑，扮演幽默的角色，就能找到自己的歸屬感。而這樣的能力，不只幫助了我在成長過程中和朋友打成一片，更幫助了我在目前工作需要到處演講、上課時，能適度發揮幽默性格，而不讓聽眾和學生覺得我是個嚴肅、難以接近的人。

我們的文化時常聚焦於那些正向、完美的事物，並沒有給「自卑感」一個公平的眼光。現在的你或許對人生有些遺憾，也對自己有許多不滿，但你有沒有想過，一路以來能夠在崎嶇中前進、每一步都有所成長，其實很大一部分是因為你想要「翻轉自卑」的心境，驅使你達成目標？

我承認，如果沒有自卑感，活起來會更加舒服；但如果沒有這些匱乏與不足，你就不會知道自己可以造就多麼豐碩的成果。人生不會是完美的，你可以抱怨、不爽那些鳥事，但也別忘了感謝那些不完美，因為它們讓你知道，生命其實有很多種可能性！

缺點就是缺點，怎麼可能有亮點？

日本有間和菓子店堅持手工製作，所以做出來的點心因裂開而變成「不良品」的機率很大。為了追求品質，店家過去一律丟掉這些NG商品，造成不少浪費。

直到某天，一位員工突然發現這些有缺口的點心，其實很像裂開的嘴。於是發揮創意幫這些有缺口的點心點上了芝麻，瞬間「裂口」成為了可愛表情。NG商品不再NG，一躍成為店裡的人氣商品。

你眼中那些自己的缺點，在他人眼裡，也可能是你最獨特的個人特質！

曾經有學員私下問我，是否推薦某一堂專業心理學課程?當時我問了他幾個問題：「你是為了什麼目的而想上這門課呢？」「具體來說，你希望自己透過課程獲得什麼？」一時之間他也說不上來，只回答：「因為我是素人背景，所學也不是心理科系相關，所以我想上這個課程來補足我不夠的專業知識。」

「對！你念的不是心理，**所以你的特色正是你並非心理背景**，不是嗎？因為你和大家的專業不一樣，當你成為一位陪伴者或助人工作者時，必定能提供和我們不同的幫助。」這是我的回答。

你呢？是否曾試著從不同角度，看見你自己的「亮點」？

某次會談中，我問了大雄：「具體來說，你不喜歡自己什麼地方？」接著他開始如數家珍地說：「我討厭自己太害羞，不善於說話！同學每次被老師點到名字，都能大方回答問題。但我就容易想太多，擔心說出來不夠正確，每次都無法有自信地回應老師。跟同學相處時，我常覺得自己說話不經大腦，因為太直接而傷害了別人的感覺⋯⋯」總之，大雄不停地和別人的長處比較，**總是看見自己不夠好的那一面，而沒有機會轉換另一個角**

度看待自己。

我在害羞靦腆的大雄身上，看見了內斂低調的特質；於是我提醒他，在這個多元的世界，我們需要安靜的人，為我們展示沉穩的能力。他說自己總是想很多，但這是一種能夠深思熟慮的特質；在這個強調冒險的世代，我們需要懂得慢下來的人，為我們緩一緩過度衝動的風險。

事物總是有一體兩面，每種特質都有自己的亮點，也各自有適合發光發熱的時機。與其去追求自己沒有的，不如打磨自己擁有的。就像大雄身上還有許多良善的特質，但他自己總是選擇忽略。他太常將自己的好，視為理所當然了。

理所當然的事，也可以好好欣賞

「你講得出自己一百個優點嗎？」我這樣問大雄。

這是日劇《我們的奇蹟》裡，男主角一輝對初識的女主角育實說的話，而我將這個問題借來用在和大雄的會談裡。接著，我開始細數……

「你是守時的人，每個禮拜和我約定好的晤談，絕對不遲到；你是很有禮貌的人，每次你進諮商室，都會先跟我打招呼，主動對我微笑；你對學習的態度認真，我注意到你花在念書的時間比別人多……」

「等等！老師！你說的事情不都是理所當然的嗎？」大雄的反應跟電視劇裡的女主角一模一樣。他傻住了，立刻制止我再說下去。

我也就如男主角一樣笑笑地回答：「**理所當然，就不值得被看見、不能被鼓勵嗎？**」

在我們的文化裡，並不讚揚「說好話」，大家普遍認為除非是特別突出的成就，否則沒有什麼好值得說嘴的。但事實真是如此嗎？能做到大家都做得到的事情，就不值得被肯定嗎？即使文化氛圍如此，我們還是可以學習自我肯定，試著如實地看待自己的能力，並給予自己該有的認同。而事實上，我們都不會因為獲得了鼓勵，就從此不再進步了。相反地，大部分的人之所以會成長，都是因為自己表現不錯的地方受到了肯定，增長信心後，就更想再接再厲，不是嗎？

心理學家阿爾波特・班杜拉（Albert Bandura）於一九七七年提出了自我效能理論（self-efficacy theory），指出人們在「正向與受肯定」的環境浸潤下，會產生足夠的信心與希望，也會更有意願投入自我改變的歷程，後續也有許多的研究者證實這個理論。簡單來說，一個人越相信自己有足夠的能力完成任務時，就越有機會成功執行任務、面對挑戰。你越能「自我肯定」、看見自己的好，就越能持續進步。

停止對自己的砲火，看見自己的好

人生最難的，莫過於真實坦露自己的缺點與自卑。接受自己有各種正向和負向的感覺、承認自己的渴望與欽羨，以及理解世上總有做不到的事，這些都需要勇氣！

認知心理學認為，**人之所以感受不到幸福，是因為覺得「真實的自我狀**

態（現實我）」和「自己理想、渴望的狀態（理想我）」差距太大。這兩者的差距越大，人對生活的滿意度就越低。而我們也會認為，如果接納了這樣的自己，就好像間接承認「我就廢！」「我就做不到！」，承認現實的自己和「理想我」根本是天差地遠。要降低對生命的失望並獲得滿足，有兩個策略：

1. 降低理想我的標準：你得客觀地去思考，一直以來渴望的「理想狀態」是真的可達到嗎？還是遙不可及的癡人說夢？例如，我的「理想我」是希望能夠有模特兒般高挑纖細的身材、姣好的外貌，但除非我去整形或增高，否則，這是我不可能輕易達到的目標。因此，若用這樣的標準在追求理想我，只是一種最終會自我挫敗的追逐而已。

2. 提升現實我的評估：同樣要客觀思考，你對「現實我」的評估是依據真實的狀態，還是落入了我們在前幾篇所談到的「認知偏誤」，因而對自己的評價有了錯誤解讀？例如，現實中的我身高不到一百五十五公分，而我武斷地認定這就是不好，這樣的我「矮人一截」！此時我就是落入了「世上只有高個子才是絕對的好」這樣非黑即白的認知偏誤。

要能夠開始調整看待自我的眼光、練習自我鼓勵，除了可以請身邊的朋友提供你客觀的評論，也需要你發揮創意，打開不同的視野來看見自己。在下一頁，我為你準備了兩個練習，希望能夠協助你找出自己的優點，並翻轉觀點。

阿德勒心理學相信，**個性沒有好壞之分，只有適合與否。當你在恰當的時機展現適合的特質，你就能成為發光發熱的人。**學會接納自己，是我們一生的功課，但只要願意開始練習，都有機會改變。

練習肯定自己

練習一：優點存摺

要找到自己的正向特質，有時需要刻意尋找與練習。因此，建議你執行為期至少三個月的練習。

Step 1：準備一個小本子，作為你的「優點存摺」
Step 2：每天在自己身上尋找一個值得欣賞的特點，把它寫下來（每天一個就好！）
Step 3：每一週都請一位不同的朋友，說出三個他欣賞你的地方，並把它們寫下來
Step 4：允許時間醞釀，讓這個練習維持三個月

當你執行了三個月之後，你的「優點存摺」已存入了一百件你的優點，你會發現自己身上其實有很多值得欣賞的特質。如果你喜歡這個練習，覺得從中得到了力量，請你持續進行，偶爾有重複也沒有關係。重點是別把自己能做到的那些事，視為理所當然。

練習二：翻轉特質

我在下表列出了一些常見的特質，有些聽起來很中性，但有些可能不是大家都欣賞的。請你花一些時間，試著翻轉對這些特質的印象，找出它們的正向之處，並填到「OK」那欄。接著，列出你不喜歡自己的哪些特質，並且也試著去翻轉它們。

NG	OK
固執	【範例】：堅持、有毅力
害羞	【範例】：內斂、善於觀察、在乎安全感
直接	
大而化之	
謹慎	
動作粗魯	
容易拖延	
丟三落四	
(換你填寫)	

NG	OK

這一個活動，是希望提供你機會去思考，每一種看似ＮＧ的特質，未必絕對不好。試試翻轉對自己的眼光，你就能更清楚地看見自己獨有的特色與魅力。

心理師給你的話

有句話說：如果你用爬樹的能力來評斷一隻魚，那他永遠會覺得自己是笨蛋！沒有人是十全十美，也正因如此，你一定有自己的獨特之處，只要用心探索、多加練習，便能夠發現。

世上沒有所謂理所當然的事，你所有達成的結果都是靠自己努力得來的。要記得看見自己一路走來的歷程，並適時為自己加油打氣。不管好與壞、哭或笑，都要做自己最堅強也最溫柔的盟友。

17 討厭的世界、不順利的人生，我要如何轉念思考？

「矗立在眼前的巨大高牆，換個角度想，就能成為一扇大門。」

——《名偵探柯南》

在大學工作多年之後，我慢慢將輔導工作轉向中小學。我總覺得，有些孩子如果能在更小的時候就陪他走一段路，或許長大後不念大學，也有機會認識不同面貌的自己，成長途中更可以少受一些苦。我就是在這樣的機緣下認識了阿斗。

他是七年級的孩子，自從上了國中，就是令導師頭痛的學生。阿斗總是遲到早退，就算來學校，也是趴在桌上打瞌睡；不要說考試經常交白卷了，連作業也是愛寫不寫。老師認為阿斗不是頑劣的學生，因為他沒有嚴重的行為問題，也不會攻擊別人、到處起衝突。於是老師試著和阿斗的媽媽聯絡，但媽媽也對他無可奈何。最後，輔導室請我陪阿斗聊一聊。

若問阿斗為什麼願意來輔導室？理由很簡單，那是炎熱的初秋，比起悶熱的教室和硬梆梆的課桌椅，諮商室裡的冷氣和沙發更吸引他。

「你知道為什麼輔導老師要請你來陪我聊天嗎？」我對國中的孩子，態度往往會開門見山，因為比起隱晦地測試，青春期的孩子更喜歡直來直往的溝通。

阿斗也是個很直接的孩子，留著五分頭，痞痞的口氣，在我開場之後，便對我說：「哎呦老師，你不用花太多力氣在我身上啦，我這樣就已經夠好了啊！你要知道，我是**沒辦法**啦！」阿斗刻意強調「**沒辦法**」這三個字，但我可以看見他眼底依然青澀單純的稚氣。他勾起了我的好奇心，到底是什麼樣的因素，讓一個明明才十二、十三歲的孩子，這麼快就放棄為人生努力？

原來阿斗來自所謂「高風險」家庭，他說很小的時候就沒見過父親。自有印象以來，他和哥哥就得跟著媽媽到處擺攤賣東西，而且都是在入夜以後。「因為我媽說她一個女人家帶著小孩去賣東西，在林森北路那邊，生意會比較好。」他說。

阿斗跟著媽媽四處擺攤直到國小五年級，因為他討厭那種站在路邊被人用可憐或同情的眼神看待，後來他就待在家裡，讓媽媽自己去。

「老師，你告訴我，那麼努力要幹嘛？我看我媽白天也工作，晚上也擺攤，但還是得要到處搬家，租的房子也爛死了，一天到晚被房東欺負。努力真的有用嗎？開學的時候我根本懶得來學校，要不是學校說連續三天不來要通報中輟，我根本不想來！我現在每天可以來一下學校，你不覺得我已經很努力了嗎？你說，我的人生還有什麼辦法？」

阿斗滔滔不絕的樣子，聽得我語塞。我必須承認他有點說服了我，來自辛苦家庭的孩子，生活中有著許多一般孩子無法體會的苦澀滋味，按照他的說法，我也真的覺得他確實很努力在撐著。

但他說自己「沒辦法了」，我心中還是覺得怪怪的。

我想到了阿斗的哥哥。我好奇，阿斗的哥哥是怎麼看待這樣的生活。查了資料才知道，阿斗的哥哥阿朔也在同一個國中就讀九年級。但是阿朔的導師，給了我不同的故事。他說，他知道阿朔來自相對辛苦的家庭，但是從沒想過原來他們家境這樣複雜。

阿朔在班上雖然不至於名列前茅，但從不會在班上造成太大困擾，人際關係也算穩定，有時還會主動協助班上維護環境整潔。若不是從輔導室這裡得知，導師並沒有注意到阿朔的家庭是重點關懷的對象。

這讓我更好奇了，怎麼同一個家庭的兩個孩子，會呈現兩種樣貌？

這天，我約了阿朔會談。照慣例，我開門見山讓他知道找他來的理由，想問問他的看法。「我很好奇，怎麼你跟弟弟來自同一個家庭，媽媽都是這樣照料你們長大的，但是你們兩個的態度卻完全不一樣？」

阿朔皮膚黝黑，身形短小精幹，眼神和弟弟有些不同，彷彿多了一抹「堅定」。面對我的問題，他回答：「**老師，我沒辦法啊！**」等等！我怎麼覺得這句話似曾相識？這不就是前不久，他弟弟阿斗告訴我的嗎？但是阿朔的「沒辦法」，似乎跟弟弟描述的「沒辦法」是完全不同的意思。

「我從小對我爸就沒什麼好印象，他總是遊手好閒。被抓去關之後，我媽帶著我跟弟弟四處擺攤，我看她這麼辛苦，就算想要好好陪我們，也沒有心力。所以我跟自己說，如果我不照顧自己，誰會照顧我？」阿朔說這番話的時候，眼神流露出真切，那恐怕是他的真實心境。

沒辦法的人生，有辦法的態度

阿德勒心理學相信一個相當重要的哲學觀：「**軟性決定論（Soft**

Determinism）」，認為人類對於環境，縱使不是全然可控的，但也未必是完全無助與被動。例如，在同一個班、能力條件差不多的學生，有人面對教授已經表明將「死當」的超難期末考，會選擇直接放棄，而把重點放在別的科目；也有些人不放棄，會提早開始念書，努力拚看看。

故事中的阿朔和阿斗這對兄弟是再清楚不過的例子。他們來自同一個家庭，母親用相同方式拉拔他們成長，但兩人卻採取了完全迥異的方式來面對自己的人生。阿斗看待自己的生命，如同命運已全然無法改變，自己也無能為力，於是順應著旁人的要求，敷衍應付，對生活意興闌珊；他看似認命，其實並不甘願自己的生活如此。相反地，哥哥阿朔採取了不同的態度，他同樣知道自己改變不了現實狀況，父親入獄、母親困苦，這都是無法撼動的事實；**但他將重點放在自己可以控制的地方**，接納現實生活的艱難，同時也用自己的方式生存下去，而不是處於完全挨打的狀態。

阿德勒說：「**生命決定性的因素，既不是遺傳，也不是環境。兩者只提供一種框架與影響，真正重要的，是一個人如何用其獨特風格與創造力來**

回應。」

阿朔和阿斗，正是展現了不同的風格來回應相同的命運。阿德勒心理學相信，每個人都有自己獨特的創造力，縱使條件相同，不同的人做出的決策一定會有些不同。這個決策念頭上的不同，就是所謂的「**創造性能力（Creative Power）**」，指的就是每個人擁有獨特的因應能力。

日本網頁設計師茅原伸幸，幾年前曾在網路上分享一張用來表現「視覺錯覺」的動圖：旋轉女舞者。當你點開網頁時，可能直覺性地看到女舞者往順時針旋轉，有些人則是看到往逆時針旋轉。而當你再仔細看之後，就會發現原本看到舞者旋轉的方向好像突然改變了。你可以在網路上搜尋關鍵字「旋轉女舞者／The Spinning Dancer」，或直接參觀設計師的網頁（http://www.procreo.jp/labo/labo13.html）。

腦神經學家指出，會有這樣的改變，是因為大腦在平面的2D形象上要判讀3D動態時，需要有足夠的深度知覺來判讀。但這張圖片設計出來後，缺少了表示深淺的維度，使我們無法靠圖片來判斷女舞者旋轉的方向，而大腦就依照自己的慣性「自行腦補」了！

注意到了嗎？你的大腦會依照你的習慣，或是你想要的方式，適度地「決定」想看到的事實。當你想看女舞者往左轉，她自然可以往左轉；若你告訴大腦讓她向右轉，她自然可以向右。正是專屬於你的創造力決定了一切。

誠如我們說過的，**凡事總有一體兩面，而你想看見什麼，你的大腦自然會讓你看見什麼。這意味著，當你想要有不同視野時，你是有能力主動讓自己如此的。**

轉念，需要刻意練習

我們都相信，改變生活的逆境往往是一念之間，這個「一念」代表的就是你看待事情的方法。我承認，道理人人都懂，但要做到就是好難。「轉念」真的沒有那麼容易，為什麼呢？事實上，**人類的大腦，天生就設定了**

讓我們「特別容易記住負面感受」的機制，彷彿腦內有個「儲存負面感受」的內建App，而且還不能強制刪除。

人類的大腦，在生存法則的演化下，會讓恐懼、痛苦、哀傷、焦慮等負面情緒感受，遠比正向情緒更加深刻，這些情緒的相關記憶也會更容易被我們記住。有時還會出現類似「**不斷反芻的負面事件與畫面**」這樣的狀態，像是一個剛發生過車禍的人，因為大腦在極大壓力下，被烙印了車禍當下的強烈畫面，在經歷這麼大的創傷之後，縱使車禍事件早已遠離，大腦也依然重複上演車禍畫面，形成「反芻性的畫面」。**這都是大腦為了讓你避免再次犯下同樣的錯誤，所演化出的安全機制**。這也是為什麼，人在遇到負面經驗時，容易會糾結在負面的念頭上，也解釋了為何「轉念」這麼不容易了。

然而，不容易就等於做不到嗎？即使記住負面感受是先天內建的程式，但你還是可以透過刻意練習「轉念」，來改變大腦迴路。

熟能生巧的經驗，在生活中屢見不鮮。我永遠記得剛回臺灣工作時，接了第一場大學公開百人講座，為了那兩小時的演講，我準備了一百張PPT。但當時還很青澀、不懂得控制演講節奏的我，竟然用二十分鐘就把所有內容講完了，留下錯愕的系辦和尷尬的自己，這個極為挫敗的陰影，也成為我的工作黑歷史。為了改變，我下了一番苦工。此後，有任何講座邀約，我都會拿著白紙，一筆一畫地寫下我的演講摘要與內容，然後反覆練習。不僅一定至少一個月前就開始準備，也會讓自己排練三遍以上。遇到不熟的主題，更是會讓自己有三個月以上的時間搜集資料。慢慢地這幾年下來，公開講座已經是我的日常工作型態，而現在許多人看我上了臺，拿起麥克風，好像內建的演講軟體被啟動一樣，可以侃侃而談，殊不知這是我下了許多年的功夫。

你是否想過，對於自己的人生，你想追求什麼？你想擁有什麼樣的信念與價值觀？**當你習慣抱怨生活、讓負面念頭擁抱自己，就很容易在這個世界上只看到可以挑剔的地方**。然而，倘若你希望自己的將來可以有些不一樣，練習轉念正是你需要的，重新訓練你的大腦迴路聽起來或許不是一件容易的事，但絕對不是做不到。只要你願意開始練習，就一定會熟練。

以目標為導向的人生，為自己啟航

諮商的時候，我會問學生：未來的你，不論五年後、十年後，希望成為什麼「樣貌」？是對生活有更多的掌握，得到更多自主性？還是希望像現在一樣，依然隨波逐流，按照他人的期待和喜好生活？

如果你希望對人生有更多的主控性、更加獨立自主，必定需要培養一些特質與能力。雖然學生經常消極地告訴我：「這些能力和特質，我現在就是沒有啊！」而我也總忍不住回問：「現在沒有，就代表將來不會有嗎？」十五年後，你想對自己說一樣的話嗎？

阿德勒心理學強調「目的論」，意思是以**「目標」作為我們前進的方向指引**。當你遇到困境的時候，你或許會急於想解決問題，所以大腦容易聚焦在「問題」上。當然，幸運的話，你會得到解決困境的方式和策略，然後……就沒有了。對，就沒有了！你會持續應付眼下的生活，等到下次新的問題產生，你再努力解決問題。於是經過長期練習，你獲得一個很懂得「問題解決（**Solution-oriented**）」的人生。然而，這是你渴望的嗎？善於解決問題固然很好，但總覺得好像是「來一個解決一個」，卻沒有明確的方向感。沒有方向感，人生就容易失焦。

當你開始練習轉化自己的大腦，不再總是聚焦於「解決問題」，而是思考我們到底想要什麼樣的「目標」，並且開始關注那個目標。接著，我們的思維模式便會從「思考解決問題的方法」，變成「計畫『我要如何達到目標？』」。往目標邁進的過程當然少不了遇到困難、解決問題，但你心中有一個大方向，不論走到哪邊，都不容易迷路。這即是「目標導向（**Goal-oriented**）」的人生。問題解決的思維，意味著你會習慣思考你「不要」什麼；而目標導向的思維，則是思考你「要」什麼。

練習轉念，難在我們不只得先有意識地去抓住自己無意識的念頭，接下來還得刻意去跟大腦抗衡。然而，看看阿朔與阿斗的案例，讓我們知道，任何人都有可能用自己獨特的創造能力，來詮釋、解讀所遭遇的生命經驗。而除此之外，我們雖然無法改變生命中發生的大小事，但要以何種角度看待它們、未來的自己又想要呈現何種樣貌，都是你能夠決定的事。

練習改變大腦思維

練習一：轉念練習

或許你已經發現，關於「轉念」的練習，我們其實一直在反覆講述兩個基礎的概念，即是:「雖然我……但我依然可以……」，以及「為了達到我想要的目標，具體來說，我可以做的是……」

這樣的思維，是為了讓你的大腦在面對挫敗情境時，依然可以關注在「自己能力可及」之處，並讓你的目標成為可執行的具體行動。

而為了讓你的思維更加目標導向，我建議你可以在每次大腦出現挫敗意念時，將你的「目標」更具體地加入以下句式：

縱使我（現實狀況）＿＿＿＿＿＿＿＿＿＿＿＿＿＿＿＿＿＿，

但為了達到我想要的目標＿＿＿＿＿＿＿＿＿＿＿＿＿＿＿＿，

我願意嘗試的是（計畫）＿＿＿＿＿＿＿＿＿＿＿＿＿＿＿＿，

來幫助我達成目標。

例如：即使我的成績不好（現況），但為了讓我可以順利畢業（目標），我願意嘗試的是和同學一起組讀書會，或跟學長姐借筆記（行動），來幫助我達成目標。

練習二：OK ／ NG 思維

試著將重點放在「你想要什麼」的 OK 思維，而不是「想避免什麼」的 NG 思維。例如下表：

OK思維	NG思維
想要順利畢業	不想延畢
想要能侃侃而談， 自在表達自己	不想要膽小害羞， 無法好好表達意見
想要找到一份自己喜歡的工作	不想變成社畜
想要為未來做足準備， 所以去考證照	害怕失業，所以去考證照
想要在愛情裡獲得重視	不想要有被拋棄的感覺
想要每天笑的時間比發怒多	不想要每天生氣

下一頁有一些空白表格，交由你自己發揮。請將自己常有的思維或想法填入，並試著以「正向」的方式來思考這些想法。這個練習的好處是你的大腦會反覆地去思考自己「想要」的，而不是總想著「不要」的，藉此強化你的目標導向思維與增加主控權。

OK思維	NG思維

額外練習：SMART 目標設定

另外，關於生活中的各式目標設定，你可以參考「SMART」原則，來為自己設定未來規畫。SMART 代表的意義分別為：

- S：具體明確性 Specific
- M：可被測量或量化 Measurable
- A：可達成的 Achievable
- R：可實踐、符合現實的 Realistic
- T：有時間限制的 Time-related

在規畫未來目標時，若過於空泛就容易不知道從何著手。因此，讓自己的目標越具體、越清晰，就越有機會能夠實踐。例如，「我希望未來成為有智慧的人」這個目標，雖是以目標導向出發，卻過於空泛。此時可以更具體地思考：「一個有智慧的人，會有哪些行為表現？（像是：習慣閱讀、積極學習新知）」，接著為自己規畫出符合 SMART 原則的計畫表或具體實踐步驟。

你可以尋求專業的諮商師、行動教練，或者參加相關的課程、工作坊，也可以自行上網閱讀相關訊息，來幫助自己成為一個「具有勇氣的生活實踐家」。

心理師給你的話

對自己的人生，你看見的是眼前的艱難？還是能看見未來的希望？我們對於生活的困境，不一定總能隨心所欲地解決，但陰影也是由光照出來的，萬物都有缺口，缺口即是光的入口，翻轉生命需要一些耐性，也需要時間和練習來抵達。你能做到的，絕對比你想的多更多，只要開始行動，一切都有可能！

Part V

未來

找到前進的勇氣，成為喜歡的大人吧！

18

要怎麼找到屬於自己的「充電寶」？

「不用著急，累了就休息。」

——日劇《Dr. 倫太郎》

OCEAN：你人格特質的祕密

每個人，都有獲得幸福與快樂的資格，而屬於你的快樂，是什麼？

●你是個喜歡探索新鮮事物、勇於嘗試不同的人，還是傾向保守行動的人？

●期末要交的報告，你習慣按部就班地完成，還是臨時抱佛腳，總是拖到最後？

●休閒時，你喜歡和外界互動、參加各種社團，還是喜歡安靜獨處、享受自己的時光？

●和朋友在一起的時候，你需要多久的時間才能融入大家？是很快就和人連結，展現同理利他的能力，還是習慣先照顧自己的感覺？

●面對壓力的環境，你的情緒狀態是高低起伏相對明顯，還是大多能穩定平靜，不受外界干擾？

以上這五個問題，是心理學裡的**Big-5 五大人格特質（Big Five personality traits）**分類所做的提問，此模型將人的性格大致分為五種。這五大人格特質取其每一項的第一個英文字母，合起來簡稱就是「OCEAN」

（海洋）。分別介紹如下：

- **Openess to experiences** 經驗開放性：

對新鮮事物的好奇與開放態度。越開放的人，越勇於嘗試不同的事物，也被認為較有創意，願意冒險。

- **Conscientiousness** 自律嚴謹性：

對於原則規範的遵守性。越嚴謹的人，越容易認真投入在自己制定的計畫和目標上，被認為有較高的自律性。

- **Extraversion** 社交外向性：

對外在人際互動的傾向性。越外向的人，越樂於面對多人的環境，也較活潑熱情。

- **Agreeableness** 親人隨和性：

指一般而言對他人信賴與親近的態度。隨和性越高的人，越容易展現與人的連結，且較會同理他人，也願意無條件幫助他人。

Neuroticism 情緒敏感性：

雖然英文字面上用「神經性質」（Neuro），但事實上，這項特質反映了一個人在情緒穩定度的狀態。此向度較高的人，比較容易對環境敏感，也比較容易有負向情緒表現。

這五項人格特質，並非是全有或全無的表現，而是程度上的差異。我們每個人的個性都是由這五個向度所構成的，具有「立體性」的展現。

舉例來說，社交外向性高的人，喜歡接近人群、活潑開朗，但這並不代表內向的人不喜歡和人互動，只能說這兩類的人在「人際刺激」上的需求不同。外向的人，可能得不斷參加活動頻繁的社團、出席各式邀約，才會覺得滿足；而內向的人，只需要一週和一兩位能談心的朋友好好吃頓飯、打一場線上遊戲，或者好好聊一個下午，就心滿意足了。

認識自己的天性特質，可以協助我們找到自己「舒適」的空間，發揮自己所擅長的能力。心理學中有個概念叫「適配性（**Goodness of fit**）」，意思是個性沒有所謂好或壞，只有與生活環境能否配合。適配性越高的人，自然能自在地生活在不同環境，而適配度越低，就會耗損比較多的能量在融入環境。

別掉進標籤的陷阱，你的個性不止如此

按照這個分類，我們就能大概將人區分出幾個類別，是嗎？如果你這樣想，就忽略了個人的獨特性了！就算是同樣基因、處於相同成長環境的雙胞胎，也有完全不一樣的個性與行為表現，因此，我們絕不能忽略人都擁有自己的獨特風格。在某個面向上指標同樣很高的兩人（例如：都是「高情緒敏感」）所展現出來的樣貌，也不會完全相同，我們只能說這兩個人有類似的個性而已。

這是為什麼？記得我們在第十七篇提過的**軟性決定論**嗎？近代的科學家透過後續的研究，再將此概念延續發展。人格與動機心理學博士布萊恩・李托（Brian R. Little）將「人可以有一定能力來決定轉換性格」的概念，

稱為自由特質（**Free trait**），也就是人並不絕對受先天氣質與後天環境所形塑，可以在自我意識下決定要成為什麼樣的特質。自由特質能讓我們因應當下環境不同的需求，表現出有別於本質的行為，例如：生性害羞的同學，為了在社團中獲得心儀對象的青睞，而忘情地努力表達自己；希望能讓履歷更豐富的同學，會願意主動參加有別以往的課程活動。簡言之，我們會在特定場合，為了達到自己心中的期望，而表現出和自己本性不同的樣貌。

人或多或少都有能力展現自己的「自由特質」，自在且彈性轉換自由特質，是協助你達到快樂人生的重要關鍵。要能善用自由特質，「練習」就至關重要。當你練習得夠久，它就會以彷彿滲透的方式進入你的內在人格，如同揉進血液裡一樣，慢慢地，你就能自然且自由地發揮。越能運用自由特質的人，越有機會因地制宜地翻轉自己，成為適合的樣貌。但有一個重點是，要妥善運用，而非過度使用。

過度辛苦的人，會忘記對自己善良

善用自由特質，能帶來生命的彈性，但一旦「過度使用」，就會帶來生命的負擔。

去過傳統市場嗎？身為心理師，我非常著迷於「傳統市場裡的人間觀察」。比如說：一樣是商家的孩子，為何有些小孩能大方活潑、毫不彆扭地跟著放聲叫賣，有些卻顯得格外害羞？我也喜歡觀察顧客們用自己特有的方式和店家殺價。但其中最令我好奇的，是所謂的「**苦命阿嬤**」。

苦命阿嬤們體力往往不會太差，說話中氣十足，碎念起來像連珠砲似的，你會覺得她們總有過人的觀察力，特別能在生活中找到值得批評的地方。苦命阿嬤們目光矍鑠，做起事情絕不拖泥帶水，但她們有個特色，嘴角永遠下垂、眉頭永遠深鎖，夾帶著皺紋。若和她們聊天，便會發現三句話離不開自己悲慘、艱苦的命運，像是兒時家境如何清貧、丈夫如何不中用、子女又如何不孝順，以致於她們已經年過半百了，還得在市場裡日曬雨淋，以擺攤維生。

我絕對相信這群辛苦的阿嬤們大半輩子的辛勞是真實的，她們感受到的痛苦也不是我們能體會的，但我更好奇的是，這些阿嬤在負向體會自己的人生時，似乎都沒有機會看見自己實質的能力，例如：過人的體力、驚人的批判能力、有效率的行動力？

「苦命阿嬤」只是個代名詞，但它反映了那些生活中承受太多辛苦的人，就很難對別人好，也很難看見自己的好。當人們因為不同因素，過度違背自己天生的特質，經常讓自己沉浸在與本性不同的生活方式中，就容易長出刺人的稜角，甚至憤世嫉俗，無法圓融地用正面的眼光去喜歡自己、欣賞他人。

不能否認，當我們依照不同情境而展現各種自由特質，會因實踐了目標而帶來成就感。但長期下來，有可能產生彷彿榨乾自我的疲憊感。於是，能夠自我修復，打造**自我復原空間（Restorative niche）**就很重要。

避免耗竭，找到專屬自己的充電能源

什麼是復原空間？簡單來說，就是「自我能量充電寶（充電空間）」。不同的人所需要的充電方式不同，找到一個適合自己的充電模式，能讓你在長期展現自由特質行為後，依然相信自己，而不會覺得身不由己、不斷抱怨人生，也更有機會發展生命的韌性，專注於生活中不可避免的義務與責任。

舉例來說，對一個生活需要各種刺激與新鮮感的學校老師來說，規律的上課、帶班、朝九晚五的生活，會令他格外疲憊。於是，他的充電模式便是利用寒暑假四處旅遊，滿足他本質上的需求。

有趣的是，李托博士的研究發現，不論對外向或內向的人來說，與人互動、參加活動，都是能幫助他們的「充電模式」，差別只在於外向的人會想找一整票社團的人一起舉辦派對，而內向的人只需要兩、三個好友一起共進午餐就夠了。

了解自己適合哪種充電活動很重要，適合別人的未必是你需要的。就像對於外向又喜歡新鮮感的我來說，總覺得透過靜心打坐來安撫焦慮的成效有限；但當我能好好參加一堂值得的課程研習，透過與同學相處、討論，我就能獲得更多能量。

我們總強調別用他人的原則規範自己，而「放鬆」這件事情也是同樣的道理。找到專屬於你的充電方式，是一種預備自己邁向成熟人生的有效工具。人生這條路，不會總是筆直的康莊大道，路程上布滿許多責任義務，有時感到勉為其難、覺得辛苦是必然。於是，你更要懂得照顧自己，因為你才是最了解自己的專家。與其拿著別人的「放鬆食譜」依樣畫葫蘆，不如客製化自己的充電清單，能更加事半功倍。

客製化自己的充電清單

從小到大，你曾為自己喜歡的活動、生活模式具體分類過嗎？在什麼樣的情境下，你會感到滿足、真正「放鬆」？請試著完成下列的句子，幫助你找出自己的「能量充電寶」：

- 當我焦慮的時候，我會想要做的事是：＿＿＿＿＿＿＿＿＿＿
  ＿＿＿＿＿＿＿＿＿＿＿＿＿＿＿＿＿＿＿＿＿＿＿＿＿
- 當我憂傷的時候，我會想要做的事是：＿＿＿＿＿＿＿＿＿＿
  ＿＿＿＿＿＿＿＿＿＿＿＿＿＿＿＿＿＿＿＿＿＿＿＿＿
- 當我害怕的時候，我會想要做的事是：＿＿＿＿＿＿＿＿＿＿
  ＿＿＿＿＿＿＿＿＿＿＿＿＿＿＿＿＿＿＿＿＿＿＿＿＿
- 我發現，當我做＿＿＿＿＿＿＿＿＿＿＿＿＿＿＿＿＿＿＿＿
  ＿＿＿＿＿＿＿＿＿＿＿＿＿＿＿＿＿＿時能感到滿足。
- 我發現，當我做＿＿＿＿＿＿＿＿＿＿＿＿＿＿＿＿＿＿＿＿
  ＿＿＿＿＿＿＿＿＿＿＿＿＿＿＿＿＿＿時能感到放鬆。

這裡也提供一些經研究發現對多數有人用的充電方式，供你參考：

- 充足的睡眠（我每日所需的平均睡眠是＿＿＿＿＿＿＿＿小時）
- 閱讀（我喜歡的書籍類型是：＿＿＿＿＿＿＿＿＿＿＿＿＿＿＿）
- 聽音樂（我喜歡的音樂類型是：＿＿＿＿＿＿＿＿＿＿＿＿＿＿）
- 追劇、看電影（我喜歡的戲劇類別是：＿＿＿＿＿＿＿＿＿＿＿）
- 好好吃一頓健康的美食
- 運動飆汗
- 和在乎的人共度時光
- 找一個不被打擾的空間，獨處
- 冥想、正念練習
- 玩遊戲

心理師給你的話

你的充電清單可能很單一，也可能很多元，這都沒有絕對的好壞。平時可以多探索自己的喜好，列出在每一週或每個月你所參加的活動，並依照喜好排序。一段時日之後，你會發現自己的「充電清單」逐漸成形。在疲憊的時候，就更知道該做哪些事情讓自己好好「充電、重置」，避免身心耗竭，在需要時為自己打氣！

19

和他人連結吧！我比自己想像的更貼近世界

「首先要做的就是幫助你眼前的那個人，只要能讓每個在你面前的人幸福，我覺得世界也一定能有所改變。」

——日劇《民眾之敵》

前一篇我們提到，在五大人格OCEAN的分類裡，不論是在哪個向度光譜上，所有的人格特質都會有社交需求，這也是本書一直想強調的概念：**別讓自己一個人！**但，為何貼近他人如此重要？

我們都不能否認一個事實：人類是社會性動物。打從你出生在這個世界上的第一天起，就得倚賴周遭的人一起面對生命中的大小事，從「活下去」開始。我們倚賴父母供我們吃穿、生活；我們倚賴朋友、夥伴建立友誼與連結；我們倚賴伴侶，在情愛的滋養中長出照顧別人與被照顧的能力。我們的自我人格，都是在整個社會脈絡的連結下所建立而成的。哈佛大學社會心理學博士艾比蓋爾・馬許（Abigail March）的研究團隊經過十幾年的研究後確認，**人類大腦的內建迴路裡，本身就具備「利他」的能力。**千古年來，生存法則不斷演化，人類藉由彼此生理與心理上的連結、需要、互助、陪伴，而促成了今時今日的成就。不論你喜不喜歡，事實上，你就是比自己想像的更需要別人。

「社群情懷」人皆有之

讓我們來說說阿德勒心理學「社群情懷（**Community Feeling**）」的概念（也另譯為「社會情懷（Social Feeling）」或「社會興趣（Social Interest）」）。所謂社群情懷，就是一種心中「放著別人」的感受。簡單來說，就是做事情的時候心裡有一個別人的位置，而這個別人，可能離我們很近，也可能離我們很遠，總之就是「**我與社會的他人同在**」的感受。日文將社群情懷翻譯為「共同體感覺」，說實話，我認為這是更貼近原意的翻譯。人和人相處，只要有「兩個人」即是一個共同體，即成一「群」。這個群不用很大，只要有人與人之間的連結，就是一種「人我關係」，**不論你是否有意識，你永遠都會活在和「別人有關連」的世界**。今日許多科學家們透過不同研究，也一一證實了這個論述。

曾有學生問我：「所謂的社群情懷，講得也太高尚，哪有可能人人都做到？」我想，或許我們都沒有想過，自己其實比意識到的更貼近社會。每天出門時，一貫地搭乘捷運，在習慣的飲料店買手搖，接著步入校舍大樓，習以為常地生活著。你是否有那麼一刻，會停下腳步質疑：「操控捷運的作業人員有睡飽嗎？」「手搖杯的茶是今天煮的嗎？安全嗎？」「學校電梯有按時維修嗎？」

不會吧？沒有特殊原因，我們不會特意懷疑這些習以為常的生活，也理所當然認為不必擔心，**那是因為「你深深地相信自己所屬的社會」**！我們信任身旁的每一個人，不管認不認識，也相信自己所處的環境。試想，一個無法真心信任社會的人，生活會是什麼樣子？他可能時時膽戰心驚，擔心電梯是否有好好維修？擔心剛買的飲料是否安全？擔心搭計程車時司機是否睡飽？不僅無法放心地把自己交給環境和別人，連每天起床要張開眼睛，都可能感到害怕。

社群情懷的概念正是如此，其實與別人連結的需求一直在我們心中，我們的一舉一動都和別人有關聯，一言一行也都對他人有影響，因此，「社群情懷」的存在，並沒有如我們想像中的那麼遙遠。只需要你記得，**你的存在絕對和另一個存在有所關聯，而這個關聯也會連接回你的身上。**

Give and Take 施與受之間

小桔是我曾陪談過，一位受憂鬱症困擾的大四生。那一年，他報考研究所失利，父母親不理解他，對他惡言相向，此時又與交往多年的女友分手，萬念俱灰的他像是走到人生最低潮，看不見未來。想自我了斷的念頭像是侵入大腦的病毒，不斷湧入他的腦中、快速擴散。

就在某日，整夜沒睡的他，暗暗做了決定。於是他一如往常地出門、搭上捷運，要去執行心中的計畫，結束自己的生命。但一個意外事件的發生，改寫了他人生的結局。當天，他所搭乘的捷運車廂因機械問題，必須暫停在軌道上，車廂內擠滿了人。當所有人都在苦等之際，站在他身邊的一位女孩，突然無預警地蹲了下來，捉緊胸口、呼吸急促，樣子看起來非常難受。女孩似乎恐慌症發作了。

車廂內的乘客們看見這個狀況都有點不知所措，不少人紛紛走避，一旁的小桔也很害怕，但他做了一個連自己也意想不到的舉動。他跟著蹲下來，詢問女孩是否需要幫助？接著脫下自己的外套，蓋在穿短裙的女孩腿上，然後就一直陪著她，帶著她一起深呼吸，直到女孩恢復正常，捷運也開始運行，他才離開。

和女孩分開後，不知道是什麼原因，他心中的計畫竟然就轉變了。在捷運上陪伴女孩的那段過程，讓他突然有一種「原來我不是一事無成」的頓悟感。原本對生命毫無期待的他，在那一刻決定給自己一個機會，於是他後來尋求醫療幫助和心理諮商，為自己的生活帶來改變。

「**表面上看起來像是我幫了那個女生，但事實上是她幫了我**，如果沒有那次，我可能已經結束生命，也不會認識老師了。」跟我分享這個故事時，小桔若有所思地望著窗外，就像當天的場景歷歷在目。我也不禁感謝老天爺剛剛好的安排，在適當的時機拉了他一把。

我一直相信，**每個給予他人的善念，都會像圓圓的石頭一樣，最終滾回到我們的身邊**。我們對別人的善意，毋需抱持任何對回報的期待，只是單純地向別人表達關懷就夠了。就像是Give and Take的概念，凡給予的必定有回饋，而這正是社群情懷的展現。就像當時的小桔並沒有抱持著要求回報的想法，只是單純地在當下，將女孩的需要放在心上，而他也跟著獲得能量。

你有沒有被無條件幫助過？

未來的你，想活在什麼樣的社會裡？你想看見什麼樣的大人？我知道急功近利的社會氛圍，讓我們變得侷限，你身旁的大人可能也是如此，自私自利，忘記自己的言行帶給他人如此負向的影響。然而，我想邀請你回顧自己的生命，自小到大，**你是否有被人「無條件幫助」的經驗？**這個被幫忙的事件未必很大，但卻真實地拯救了你，而你甚至從沒機會「好好向那個人表達感謝」？

我有！我就讀的國中到家裡需要走三十分鐘的路程。某天早上出門，我實在很想省下走路的力氣和時間，此時我突然看到一輛公車，便立刻毫不猶豫地跳上去。但悲慘的是，那天我竟然忘記帶錢包了！（當時還沒有悠遊卡呢。）

身上沒有半毛錢的我，眼見學校的站牌就要到了，我又驚又慌，只好鼓起勇氣向坐在我身旁的阿姨求救。但，那個阿姨沒有理我，不僅如此，從她眼裡我清楚地看見了輕蔑與不信任。她揮揮手示意我走開，接著閉上眼，不再理我。

眼見我該下車的站牌過了一站……兩站，我更加焦急。只好再次鼓起勇氣，轉身問另一個大人，可不可以借我十塊錢？這次，另一位阿姨毫不猶豫地從口袋掏出十塊遞給我，解救了我。

我感激地接過這個銅板，再三道謝後，連忙按了下車鈴。雖然已經錯過兩站，但我終於還是被解救了！順利下了公車後，我一路往校門口狂奔，同時也一路飆淚。我氣第一個大人為什麼不相信我，不順手幫幫我？但我更感激第二個大人，她對我毫不懷疑，解決了我的困難。當然，我再也沒有機會遇到那位阿姨，更沒辦法再次親口謝謝她，但這件事情深深印烙在我的腦海裡，超過三十多年，還時時提醒著我世上總有善意存在。

關心與被關心，都會帶給我們真實的快樂

對他人良善，並不代表你要失去自己，而是單純地去相信，自己有能力為他人帶來正向影響。多一句的問候，多看一眼的關心，**我們的瞬間，都可能是拉住他人的一生永恆。**

任誰都會有狀況不好的時候，在情緒起伏之間，**請努力去善待身旁的每一個人；而這樣的善念，將會在你需要的時候，再次回到你的生命裡。**專門研究人類脆弱心境的布芮尼・布朗教授（Brené Brown）在經過多年上千次的訪談與追蹤工作後，證實了這樣的論述。幾乎所有的受訪者都不約而同地告訴她，**帶著他們走出創傷與自卑感受的，是在信賴關係裡，適度、恰當地與他人分享自己，累積與人連結和彼此扶持的經驗。**

不論個體的人格特質如何，任何人都會希望自己能為他人帶來貢獻。透過自己的能力付出，並感受到他人因你而有所獲得，這正是「具有意義的人際連結」的意涵；同樣地，這也是需要刻意練習的事情。比利時的精

神科醫師迪克・德・瓦赫特（Dirk de Wachter）也曾提到，在一個溫暖的社會裡，**「人們應該盡一己之力，去幫助其他沒那麼幸運的人」**，因為這會**讓我們變得更有人性，也能透過關懷他人帶來自我價值的滿足感**。幫助他人，會令我們更堅強。他說：「**關心與被關心，能以一種最根本的方式，帶給我們快樂。**」但幫助不是同情別人，也不是高高在上地施捨。敏感地體恤他人的需求、適度地給予關懷，能令我們成為更好的人。

生活很難，但總有你能溫暖的人；生活很苦，也總有能陪你吃苦的人。太辛苦的時候，請別忘記「人」有時是一切的答案。在日常生活中，為自己尋找「貴人」，也努力成為別人的「支持網絡」，可以幫助你邁向願意付出、也能享受生命的幸福人生。

建立自己的感恩存摺

STEP 1

每天花五分鐘回顧自己當天的生活，仔細想想一整天下來，是否有一個人、一件事情，是值得你感激的？事件不用很大，對象你也不一定要認識，只要你確實透過這個人，獲得了幫助，讓生活少了一點麻煩，多了一點小確幸。把這些事情，都寫在筆記本裡。

STEP 2

找一位真誠且可以信賴的夥伴，定期跟他分享你的紀錄， 也請他給予你正向的回饋。

STEP 3

允許時間醞釀，讓這個練習至少維持 30 天。

STEP 4

一個月後，開始寫上「你的貢獻」，思考你每天為別人帶來了什麼樣的幫助。同樣地，不一定要是很大的事件，理所當然的事也沒有關係。重點是覺察自己做到了什麼。

一開始，這不會是個容易的練習，因為我們鮮少這樣關注自己身旁的事物。但當練習成了習慣，你會慢慢發現，原來我們身邊處處是良善，而你，也可以為別人帶來溫暖，成為對他人有所貢獻的人。即使對方有時並未給予回饋，但你仍能真實地知道，你的存在就是一件有意義的事！

心理師給你的話

其實，你遠比自己想像的更貼近社會。你一定也曾在生命中，有意識、無意識地接受他人的幫助，也為別人帶來貢獻。生活的辛苦容易讓你忘記這些，若能有意識地去尋找生命中的美好，主動練習看見他人對我們的付出，將能磨去你身上的刺，使你更加珍惜生活中的一切。當你願意看見世界對你的良善，你也能夠成為溫暖善良的人，朝自己喜歡的大人邁進。

20

客觀自省、善待別人的錯誤，我能成為更好的人

「世人都背負著重擔努力生活，承認自己的錯誤需要很大的勇氣。」

「法官也會犯錯，比犯錯更嚴重的罪行，難道不是不承認自己的錯誤嗎？」

——日劇《鴉色刑事組》

固定在學校上課，能幫助我貼近學生們的思維和脈絡，有時我也喜歡私下與大家聊聊，能更了解他們的想法。這天，我問了學生：「在學校上課和在外面上課，最大的不同是什麼？」

「有些補教老師比較會講人話！」學生這樣說的時候，我不禁笑了出

來，知道他在開玩笑，但總覺得好像也有點道理，不過，那背後的意思究竟是什麼？

我想分享一個故事。我曾參加過不少教授在外的收費課程，有些老師講課清楚有條理，但也有些老師善於研究，卻不諳演說技巧，每每聽他講完，都會覺得自己好像身處雲霧之間，始終找不到重點，甚至深深懷疑是不是自己資質駑鈍。

某天，我再次去上了某位傳說中的「大老」的課。後來聽說，在知道該單位邀請學員們填寫課後匿名回饋單後，大老表示感到「意外與錯愕」（說「意外與錯愕」其實還算含蓄）。

「講師們知道自己會被打分數嗎？」他這樣詢問該單位。

於是行政人員花了一些時間解釋，回饋單的用意是希望對於課程設計與編排，都能越來越貼近學員的真實需求。而回饋單的提問上，更增加了讓學員正面肯定課程的選項，也希望能鼓勵講師，達到三方共好。

無奈，這個初衷沒有被理解。由於那位大老在該業界有著舉足輕重的地位，自此之後，這樣良善初衷的回饋單，被大幅更動，而他也始終沒有機會知道自己在講課時，其實很難貼近學員的需求，更使得後續的講師們也不再有機會聽見真實的聲音。

不足，等於進步的空間

我自己也是一名講師，某次在討論中部專業人員培訓課程時，因為經費核銷的問題，主辦單位無法為我支付住宿費，於是我只能連續三天搭車來回臺北、臺中。說實話，那三天是我人生中講課經驗最具挑戰、卻也是短期內看見自己進步最大的一次。要用三天講完一門心理學概論，再加上實務演練與分享，真的很具挑戰性。加上學員們的先備知識有不同落差，於是從第一天開始，我沒有一天回家後不修改課綱與投影片的。

就算講授的內容已經大致完成，我還是持續滾動式修正，每天修改結構、內容，並調整速度，弄到半夜兩三點才睡，隔天一早繼續搭六點的高鐵南下。連續三天，講好講滿，修好修滿，課程結束後，我累壞了！但也無比充實。

知識傳遞的過程中，「講者」與「聽者」有著某種合作關係，就算是單方面授課，我還是會透過學員的語言與非語言訊息，知道他們當下的理解狀況。於是身為講者，我的「觀察」與「自省」的能力，是協助我調整自我的重要指標。

這裡並非要強調我如何懂得自我反省。我想強調的是，人必須在「看見自我不足」的空間裡，找到進步空間，才有機會培養出更進一步的能力。我承認，在課程第一天，當有學員反應他某些觀念不太清楚，或者對我提出更具體的要求時，我當然不好受，也覺得自己很爛。但即使如此，課程還是要繼續，若我一直卡在自溺的情緒裡，不只我不會進步，學員也沒有收穫。

別人的負向回饋，不見得一定在說我很爛，但那表示我還可以更好。學員吸收不良，正意味著我的課程設計有更多的進步空間。

阿德勒認為「人活著，就會持續在群體中找尋自己的歸屬感與重要性」，而後代學者將這個概念，延伸為所謂「關鍵4C」，即是：Connection（連結感）、Competence（能力感）、be Counted（接納感）、Courage（勇氣感）。這樣的理論也解釋了，當你和他人有足夠的連結感和信賴，也放下對自己的偏見，自然就不會過度以他人的評價來「批評、攻擊」自己，而是看到可以改善之處，於是進步自然發生，新的能力才會長出來。

不是我爛，是我想變得更好

所謂的自省能力，不只是能如實看見自己的不足，還包括接下來產生的行動。光意識到沒有用，還要讓自己擁有進化、升級的能力。

有句名言是這樣說的：事實總是殘酷！我們想聽事實，卻又害怕事實。因為有時候實話像照妖鏡，讓我們看見不足，或覺得難堪而不敢直視自己。但心理學大師羅哲斯（Carl Rogers）卻不是這樣認為，他反而說：

「事實總是友善的。」換個角度想，若我們能意識到自己做得不夠好的「事實」，都是使我們變得更好的刺激源，那它們的確是我們友善的良師益友。

你可能會害怕面對現實，因為它總強迫你改變，而人都害怕脫離舒適圈，但你得願意放下成見，接受你的人生其實充滿各種可能性。「人的生命乃是流動、變化的過程，其中沒有什麼是固著不變的。生命最豐富又最有價值的時刻，一定是流動的過程。」羅哲斯在《成為一個人》這本書如此說道。

生活的每一件事都像是滾滾流水，過了就永遠回不去原來的位置。因此，與其浪費力氣去抵抗無法改變的事實，假裝自己沒有做錯，或沉溺在懊悔自己的失誤，不如面對現實，將力氣花在想做的事情上。就像《社會平等：當代的挑戰》這本書說的：「如果我們能不被『對所處現況的怨懟』占據，便可更注意到能改變與改善的地方。」

意思是，「自我接納」與「自我反省」兩者並不衝突。接納了自己的現況，等於擁有接納不完美的勇氣，但並不阻礙你往更好的自己邁進。相反地，正因為你接受了自己還不夠好這樣的現況，等於坦承自己有進步空間，就有機會更勇敢地跨出自己的舒適圈。

關於**舒適圈**（**Comfort Zone**），我們總有個迷思，以為離開舒適圈是一件危險的事，等於踏入**恐慌圈**（**Panic Zone**）之中。但根據哈佛大學專門教授正向心理學的塔爾・班夏哈博士（Tal Ben-Shahar），事實上，在人的舒適圈與恐慌圈之間，還有一塊安全中介區，稱為**伸展圈**（**Stretch Zone**）。每個人的伸展圈大小不同，但當你願意試著延展自己的舒適圈，你會發現在感到極度恐懼之前，還有一些空間，雖然會有微小的焦慮不安，卻是可以忍耐的程度。而勇於客觀地面對自己的限制、理解自己不足的好處，不在於能夠「踏出」舒適圈，而是「**擴張**」**舒適圈**、**探索伸展圈的範圍**，**並有助於你邁向更彈性且成熟的生活樣貌**。每個人舒適圈和伸展圈的範疇與界線不同，但重點在於一小步一小步慢慢嘗試，允許自己去經驗適度的不舒服，並同時跟自己說：這樣的不舒服不代表痛苦，然後慢慢

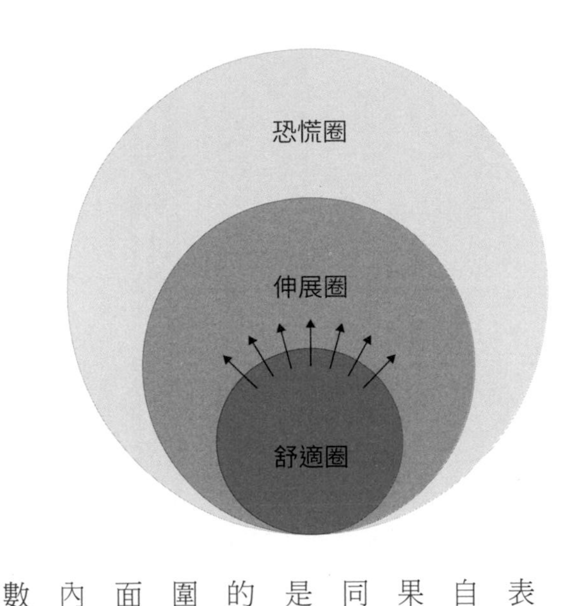

練習，直到你的舒適圈擴大到伸展圈的範圍。

舉例來說，害怕在公開場合發表演說的你，一開始的舒適圈是對自己熟悉的朋友說說話就好，而如果一下要在百人面前演講，就會如同要進入恐慌圈一樣感到害怕。於是你可以為自己規畫出兩者中間的灰色地帶，慢慢延展伸展圈的範圍。例如，先在社團裡熟悉的朋友面前分享；習慣後，接著跨到社團內沒那麼熟悉的同學；接著是在人數較多的中型社團發表；最後跨校在多人面前演講。當你採用循序漸進的方式，就不會一下子掉入最令你恐懼的狀態，同時也練習擴大舒適圈。請記得，在過程中永遠會有不熟悉與微微不安的感覺，那也都是正常的。小小地擔憂著，但同時緩緩地進步，就是擴張舒適圈的方式。

成為有反省能力，也能貢獻建議的人

當我們知道自我反省能帶來翻轉自我的力量時，我們是否也應該如此要求別人？如果這樣做，是否又違背了與人良善的意圖？

先來聽我說一則真實的故事。小嬅在住家一樓大廳等電梯，樓層顯示電梯正從地下室上來。電梯抵達一樓開門時，裡面有一位西裝筆挺的先生，就是剛剛從地下樓層上來的人。小嬅踏進電梯後，按下自己的樓層，而就在電梯門正要關上那一刻，大門忽然衝進來一對情侶，他們趕在最後一刻順利進入電梯。

就這樣，電梯裡載著三組不同時刻進入電梯的人，緩緩向上。接著，電梯停在二樓，西裝筆挺的先生走了出去。此時，最後趕進電梯的情侶窸窸窣窣地碎念道：「才二樓而已，也要搭電梯！」

可是，男子其實是從地下樓層上來的，他搭了不只兩層樓，不過，不清楚狀況的情侶顯然已有自己的定見。他們用自己的主觀意識，批評男子「才二樓也要搭電梯」。

大多數的你我，都曾犯下與電梯中情侶一樣的錯誤，**用自我主觀詮釋別人，忽略所有事情都有其獨立脈絡**。每個人的抉擇總是有自己的道理，當我們無法全盤理解他人時，恐怕都沒有資格和權力批評他人，隨意論斷別人的決定！

這樣說來，難道我們面對他人的錯誤，就什麼都不能做了嗎？不，我們反而可以思考：**如何從純粹地批評與攻擊他人，轉為提供建設性的建議？**提出指責很容易，尤其是在網路世代，鍵盤上敲兩下就可以了，但那不會幫助我們和對方成為更好的人。在網路上留言之前，或是面對別人的錯誤時，我會先用以下問題來詢問、提醒自己，這裡也提供給你參考：

- 我說出這句話的目的是什麼？是衝動下的情緒宣洩？還是經過深思熟慮後，有意義的修正建議？
- 這一句話，如果是和當事人面對面，我能夠說出來嗎？或者，我能接受別人對我說出一樣的話嗎？
- 說出來之後，如果有人與我採取不同的看法，甚至反對，我能否承受後果？
- 最後，若是我不夠確定自己的表達是否恰當，我會找一個信賴的朋友，問問他對我的想法有什麼看法。

有句話說：小孩子才做選擇，大人全部都要。所謂的大人，是指有能力承擔後果的人。在網路留言和批評他人之前，你得思考的是，你是否準備好要為自己的言論負責了？

故事回到那位大老，後來怎麼了？多年之後我再次付費去聽他的課，依然覺得如同霧裡看花，也很浪費錢，更為其他學員感到抱歉。一起同行的朋友半開玩笑地說：「可能其他人是因為沒吃過更好吃的料理，泡麵都當寶。」即使與同伴嘻笑打鬧，我其實心中仍有著淡淡悵然，總是覺得「好可惜啊！」但我無法改變他人，只能期許自己不要忘記時時貼近他人，明白「自省」的重要。

因為「自省」帶來「能力」；沒有自省能力的人，也就無法奢望他會有所進步了。若能從他人或自己的錯誤中獲得進步的動力，你就能不斷成長，成為更好的自己。

自省的練習四步驟

古人說「吾日三省吾身」，其實我倒覺得不需要如此嚴苛看待自己，但我每週會問問自己，這星期當中，是否有些事情是我不太滿意，也希望自己下次可以做得更好的？

以下是幾個思考的步驟，你可以用來練習定期自我反省，例如：每次期中、期末過後，都回顧自己的讀書方法，看看是否有哪裡需要改善？哪裡可以再調整？

STEP 1

寫下你覺得自己在某件事（課業、人際、家庭等）還有進步空間的地方。（例如：改變貪睡的毛病、增加念書的時間、減少自我苛責的頻率……）

STEP 2

對於你想改善的地方，思考自己身邊有沒有相關資源，或是能夠幫助你的人？你可以一一盤點，一條一條地寫下來。

STEP 3

要達到改善的目標，具體而言需要什麼行動的步驟？你可以先寫下粗略的計畫，並在實踐的過程隨時修正。

STEP 4

給自己設一段時間來執行、觀察成效，並為自己訂出一個具體目標，來當作進步的指標（這部分，我建議你可以結合第 268 頁所提到的 SMART 策略，來為自己規畫）。

許多人聽到「反省、進步」總覺得好像很難，因而躊躇不前、無法開始。上述的練習將之拆成具體的四個步驟，有助於你跨出第一步，也能協助你整合身邊的資源，不斷讓自己更好。

心理師給你的話

阿德勒說，人要改變，憑的是「勇氣」！勇氣代表的是你相信自己，也相信結果可能不同。裝睡的人叫不醒，一個不願意相信自己有進步空間的人（不論是看不見，還是自以為不需要），就像裝睡的人，永遠不會有進化版的自己。改變，不代表需要討厭舊版的你；改變是你相信進化後的自己，會是你更喜歡的樣貌。就像寶可夢裡的皮丘，因為進化而變成了皮卡丘，並不代表皮丘比較差，而是皮卡丘在皮丘的基礎上，增加了新的能力，不是嗎？

21

「怎麼這麼有趣？」好奇心是我最好的夥伴！

「失去好奇心的那一瞬間，人就死了。」

——日劇《女王的教室》

要獲得幸福，還有其他關鍵嗎？前面說過「苦命阿嬤」的故事，現在就換來說一說「樂天阿嬤」。

我的阿嬤，在日本統治時代下出生。兒時經歷戰事連連，軍機來襲時，也曾蜷曲著瘦小的身體躲在稻草堆、蘆葦叢中，聽著頭頂上呼嘯而過、轟隆隆的敵機聲響……這些對她來說都是歷歷在目的記憶。而每當家園被轟炸完，她就帶著弟弟四處尋找鐵塊、碎玻璃，變賣來貼補家用。

阿嬤一生沒有受什麼教育，只有念到小學三年級，年輕時大字不識幾個。成長過程被繼父賣掉兩次，也曾在火車站上演逃脫劇。嫁給書香門第的阿公後，本以為會改變她的人生，沒想到婚後夫家家道中落，夫妻倆帶著五個年幼的孩子，過著四處借貸、躲債的生活。

生命坎坷的阿嬤，在我記憶裡卻總是笑口常開、精神十足。阿嬤身體其實也不好，年輕時就因為營養不良而胃潰瘍、胃穿孔；而退伍軍人症則接續困擾著阿嬤，她的肺部功能不彰，走沒幾步就喘，家中四處備有氣管擴張劑。

晚年的阿嬤，依然為家人勞心勞力。本該迎接安享天年的日子，但患有帕金森氏症的阿公需要洗腎，於是阿嬤繼續承擔了照顧阿公的責任，一直都是她負責開車載阿公三天兩頭跑醫院。照顧阿公成了阿嬤後半生的生活重心。

後來，病魔依然帶走了阿公，全家人都以為身體不好的阿嬤會被深深打擊，默默擔心了好一陣子。然而，幾個月之後，阿嬤竟然又恢復了神清氣爽的模樣。

我曾經問過阿嬤，是什麼原因讓她走出失去阿公的傷痛？她和藹地說：「他走了，生活忽然變得空蕩蕩的。躺在床上好幾個月後，我以為我再也不知道該怎麼辦，突然有一天，我問自己：『難道要一直這樣躺下去嗎？』想想不行，我就跳起來，洗頭、染髮、換衣服，決定去市場逛一逛。」

阿嬤在十多年前離開了人世，那時她只有三十五公斤重，但在我心中，她卻是有著無比分量的巨人。我總是會想，一樣是遭逢生命的各種辛酸，何以阿嬤可以在年老時依然對生活保持高度的熱情與活力，而不感到絕望或想放棄呢？

而從此刻開始，到未來的終老，人生的路上，我們到底又該如何預備自己？

對生活保持「好奇」，是快樂的關鍵

正向心理學者一直都在探索，為什麼某些人總能比別人還要樂天，更能感到幸福？美國《心理學與老化》期刊（*Psychology and Aging*）在九〇年代末期曾刊載了一份持續五年的研究，追蹤兩千多位年長者的「精神健康指數」與「好奇心」之間的關連性，證實了不論人生的經歷或背景如何，**一個人要能擁有具有意義與幸福感的人生，有一個重要的關鍵：保持好奇心。**此後，更多相關的後續研究也呼應、證實了這個論述，你也可以在Ted Talks或其他知識型的影音網站，找到非常多相關的內容。而好奇心可以從以下兩個層面展開：

1. 願意接受新鮮刺激，不排斥打破舊有的認知
2. 願意接受新朋友，不排斥打開人際同溫層

保持好奇的態度，代表拋開生命中所有的理所當然，帶著求知若渴的態度去認識世界，像個海綿一樣不斷地吸收。生命裡任何時候都有新

鮮事發生，當你每天知道一件過去你所不知道的事情，一年後便能增加三百六十五件新知。新知識能豐富你的觀點，並在遇到困境、挫折時，幫助你展現彈性，轉換觀看的角度。

大多數的人往往在生活裡庸庸碌碌、汲汲營營，於是很容易活在「撐過當下就好」的應付狀態，更會忘記讓自己靜下來，去尋找生活中各種有趣的事物。**很多時候你覺得生活「無聊」，是因為知覺與感官打開得不夠**，無法盡情探索世界的美好。保持好奇心，意味著要打開自己與世界的連結，讓未知的事物進來。我知道興奮和恐懼有時會一起湧上，或許對於未知的恐懼，蓋過了你想探索世界的渴望，但我還是要邀請你試著放下心來，因為唯有打開自己，才有機會感受生命的樂趣。

「任何人」都是值得學習的對象

我阿嬤出生時，臺灣連電視都沒有，但在她晚年，世界進入了數位網路世代。她對我用e-mail傳作業給遠在美國的教授，感到很不可思議，很認真地坐下來問我，到底「網路」是如何運作的？我很努力地講得淺顯易懂，但我知道阿嬤聽得似懂非懂，而那並沒有使她挫折，她反而用一種不可思議又覺得奇妙的眼神看著我說：「**怎麼這麼有趣？**」

樂天阿嬤展現的，就是正向心理學家們所說的「好奇心」。她接受任何人都能是她的老師，包括年紀比她小了五十歲的我。

這就是打破「人際同溫層」的一個例子。生活中，任何人都可能提供你新知，哪怕對方年紀比你小、立場與你相左，甚至是你討厭的人。**不預設立場地去接近他人，等於主動將接連他人的通道打開**，開始接觸不同的觀點、文化，聽見各種聲音。一旦打開視野，就會窺見生命中不同的角落，而新觀點能帶動新行為，新行為則催化新人生。

結交新朋友、突破人際同溫層，不只能讓我們看到不同的觀點，也建立更厚實的人際網絡。人生中所有的相遇總有分離的一刻，讓友誼「積累」比「消失」多，就不會讓人際網絡越來越淡薄。

阿嬤在離世之前，依然固定與她的閨蜜們聚會、聊天，那是她每週規律的心靈支持。**縱使我們都是隻身來到這世上、再隻身離開，但中間遇到的所有緣分，都是能厚實人生的豐富滋養。**

有些人說，要趁年輕時「投資自我」，但往往大家誤會了「投資」的概念。這個「投資」，指的是態度與素養上的養成，亦是經驗的積累。

如果真要為自己投資，**我建議你投資自己成為「有趣」的人**。有趣，不是幽默風趣、擅長談天說笑，而是在生活的任何甘苦情境中，都能抱持著享受的態度。被譽為天才的日本知名劇作家坂元裕二先生，曾在東京藝術大學授課時，被學生這樣問道：「所謂有趣是什麼？」坂元先生回答：「新知識！」

主動追求新知，也是讓坂元先生在創作劇本上，能不斷推出打動人心、感動觀眾的劇本，讓他獲得源源不絕能量的因素之一。

世界大得無邊無際，一定有你尚未探索的範疇。**成為對世界好奇的人，就是打開感知，打開自己的眼睛、耳朵，還有心，如同打開自己與世界的**

連結，讓原本不知道的事物進來，獲得新知。成為對世界感興趣，也能享受趣味的人吧！

打造一顆「好奇」的心

要培養好奇心，其實沒有那麼困難，以下這些生活小習慣，是你每天都可以嘗試的小練習。積少成多，打開好奇的眼睛，讓自己更為敏銳，你一定會發現生活處處有驚喜，而世界也會變得截然不同。

1. 每天瀏覽一則同溫層以外的文章：熟悉的人事物，會鞏固你已知的概念，但不熟悉的觀點，則會擴展你的視野。讀一則同溫層以外的文章，就算你不同意其論點，也能提供你不同想法。
2. 別習慣懶人包：就算是網路上整理好的訊息，也是透過他人的理解濾鏡和思路，中間一定有訊息是被刪除的。當你練習自己搜集資訊，用自己的方式整理、理解的時候，就不會成為只吸收片面、簡化訊息，而沒有獨立思考能力的人。
3. 多問一句 Why 或 How：世上所有的事情都並非理所當然，萬物的發生或終止都有其脈絡，就算是遇到既定的成見，也可以在心裡多問一句:「真的是這樣嗎？」「為什麼呢？」「這是如何造成的呢？」都有助於你保有一顆探究的心。

4. 刻意小小冒險：習慣搭車的你，偶爾試著散步一小段路；習慣騎車的你，可以刻意繞一段不同的路徑；旅途中去尋找、觀察以往不曾注意的小事物，練習讓自己的視覺與知覺感官打開。
5. 每天探索一件「未知」的事：瀏覽一則國外新聞、觀賞一段 Ted Talks 影片、聽一段 Podcast……等等。刻意讓自己接觸一個原本不知道的概念，並且把想法記錄下來。

心理師給你的話

小時候的我們，對世界無比好奇，當我們慢慢長大，卻遺忘了這樣的能力。但好奇心是人的天性，你只是習慣關上，不代表無法重新打開。對生活好奇，代表你能感受生命的時時刻刻，就不會覺得枯燥乏味、一成不變。當你成為一個對世界好奇的人，對生命就越能充滿感謝與愛。

結語

現在開始，走出屬於自己的路，我決定「我是誰」！

「我已經受夠了你們對我身分的指責。這是我的夢境，從現在起，一切由我說了算，我會開出一條路。」

——《愛麗絲夢遊仙境》

閱讀至此，關於「我怎麼了？」「我是誰？」「未來我想變成什麼樣子？」等問題，你心裡有更清楚的答案了嗎？你因為過去的經歷，身上承載了多少角色、個性、特質、樣貌？哪些是你從父母（原生家庭）中承接的？哪些又是屬於你自己的性格？你想翻轉什麼部分？我希望你一路閱讀下來，能夠好好思索這些問題。

當然，此時你心中也可能升起另一個更關鍵的疑問：「我到底為何需要搞懂自己是誰？知道自己是誰又怎樣？我不也這樣活了十幾、二十年了嗎？」

認識自己，是為了更有底氣

讓我先告訴你關於認識自己的第一個好處吧！那就是——**你會很爽！**什麼意思？就是你會活得很有底氣，你知道自己是怎麼說話、該怎麼說話、想怎麼說話。你在課業、友誼、戀愛，都能找到安適的感覺，也能彈性轉換不同樣貌。不論你原本的個性如何，只要夠認識自己，也會比勉強扮演某種「裝出來」的角色，感到更自在，更滿足，更有魅力。

你會有一種真正「活著」的感覺。因為你知道自己不用成為任何人，你會允許自己擁有各種樣貌，你可以真實地做自己。**你會真心感謝、欣賞身**

旁的一切，熱愛你的生活。你也能打從心底祝福那些比你光鮮亮麗的人，而且不會減損你對自己的喜歡。

你不會一直追求他人的眼光，而是更在意自己想要什麼、需要什麼。不論你多喜歡、多羨慕別人的樣子，當你將他人的版型套在自己身上，就算你努力成為了與別人相似的模樣，你永遠只是「別人的複製版」，而不是「你自己的限量版」，那依然不是真實的你。

成為更好的人，是一件很棒的事；只是在那之前，你必須先對自己有適當的認識和接納，那也是這本書不斷反覆述說的觀點。在日劇《同期的櫻》裡，爺爺給獨自在東京生活的社會新鮮人小櫻每天一張傳真作為鼓勵。某日，爺爺傳來這句話：「**長大，就是承認自己有弱點！**」正因為足夠認識自己、清楚自己的弱點，才會知道需要補強什麼，以及哪裡可以再更好。

老子說：「知人者智，自知者明。勝人者有力，自勝者強。」能理解並認識他人，是一種智慧；但能認識自己，則更為高明。勝過別人代表你有力量，但能勝過自己，更為剛強，即是這個道理。

你可能會覺得「認識自己」說起來簡單，但做起來既混亂又迷惑，實際上好困難。因為我們總按照父母的期待活著，把社會的框架、他人的模板，硬套在自己身上，久而久之就成了歪七扭八的形狀。即使如此，我們依然能夠一點一點認識自己，看清自己真實的樣貌，才有可能完全地接納自己，真正地喜歡自己！

今後，你想成為什麼樣的人？

在諮商的時候，我總這樣問每一位正為人生迷惘的個案：「**你想成為什麼樣的人？**」就像《愛麗絲夢遊仙境》裡，笑臉貓對愛麗絲說：「**我沒辦法告訴你該往哪裡走，除非你知道自己想往哪裡去。**」

也有人曾對我說：「與其花時間探索過去，不如更關注未來。」我當然同意！但在你摸索自己想走向何方之前，總得先知道身上有多少行囊吧？

如果你不清楚自己曾經怎麼走來的，又如何知道你擁有多少資源，可以陪你往下走？

當你盤點過自己之後，就更能意識到你身上不只有一種身分角色。而當你知道自己不必符合單一期待時，才有機會在慢慢成為大人的過程中，思考你究竟可以發展哪些能力與特長，來扮演好每一個角色。

隨著人生道路越走越長，身為子女、學生等身分的比重其實會越來越小，你不必將自己限制在這兩個角色的框架中。**能客觀地看見自己在每一個身分上都應該均衡發展，就不會讓自己成為明明已經長大、卻又困在枷鎖裡的象。**

因此，過去和未來一樣重要！

未來人生的自信，要從現在開始練習

曾看過這樣一則故事：有個人肚子餓了，決定吃饅頭來果腹。吃了一個饅頭，他還是覺得餓，便吃了第二個，但還是餓，接著吃下第三個、第四個……直到吃了九個饅頭，才覺得飽足。此時，他忽然想：「啊！早知道吃第九個才會飽，那我前面都不該吃的，直接吃第九個就好了！」

這是一則笑話，但也反映了我們大多數人看待生活的想法。**人生是滾動式的積累，如果沒有前面一到八個饅頭，第九個也不會是剛剛好的安排。**

曾聽學生這麼說：「反正我現在才二十出頭，等到我過了三十歲之後，自然就會知道自己要什麼了吧？」但，每個人的時序不同，誰也不知道你會在何時找到人生的目標，方向尚未明朗的階段，就像是你在吃第一到第八個饅頭，看似沒什麼特別的成就，但其實都是在為未來打下地基。人生無法跳關，你也不會在某個神奇的一刻就突然知道自己要什麼，於是在開花結果前的這段時期，便成了你累積的關鍵期。這段路的存在，是為了「預備」你成為想要的樣子。

你一定在網路上看過這樣的影片：在彈珠軌道上，設計者用各式形形色色的機關讓彈珠行經的路徑變化多端，這類裝置被稱為「畢達哥拉斯裝置」。例如，原本正在直行的彈珠，一下子因為被彈跳出來的彈簧打到而往上跳耀，下一秒，彈珠又因為擊中某個機關而落入左邊的門；看似通行無阻的路徑，可能因為路途上的強力磁鐵而變得寸步難行。畢達哥拉斯裝置的設計影片，觀看起來格外有趣，因為變化性太大了，沒到終點，誰都不知道最後的結果。而人生不就像畢達哥拉斯裝置嗎？在你的人生路上總會遇到許多不同的機關，**當你改變行經的方向、使力的力道不同、作用的方向不同，抵達的終點就會不同。**縱使生命裡的確有其他干擾的因素，但那也不能成為你捆綁自己、逃避為自我負責的藉口，因為只有你才是自己生命的主人。

人生不會一到十八歲、三十歲或某個年歲那天起，就忽然變得成熟、有自信，因為往後人生的自信，要從現在開始積累與練習。

不可否認這個時代對新世代的你不公平，太多的標籤、太多的不信任、太多的戲謔與嘲諷。但不管別人怎麼定義，Z世代又如何？厭世代又如何？六年級後段班的我，也曾被上一代的人稱為「草莓族」。不管何種世代，都可以靠自己定義，建立屬於自己的人生。

別受限於社會貼上的標籤，也別害怕失敗，沒有人生是一次到位，也沒有人第一次努力就達到完美。相反地，**初期的嘗試「不成功」才是正常的，更無須用一時的結果來評斷未來的路途**。而認真與投入的態度，是生命旅程中重要的關鍵，像是「夠不夠重視自己？」「對生命願意投入多少？」這種態度不是自助餐，不是在特定時刻才拿出來用一下，它必須是持續的練習、累積。

寧可要「有意識」的真失敗，也不要「無意識」的假成功

二十代是充滿機會的年紀，在這個階段的每一種嘗試，就算不成功，大多都能得到有意義的收穫。**你該「有意識」地去嘗試錯誤，而不是「無意識」地為了避開失敗而用力逃避，虛擲生命**。勇敢去冒險，才會知道未來能降落在哪裡。冒險，代表有可能犯錯、失敗，結果有可能是不完美的，但絕對勝過什麼也不做。

我很喜歡中文的「蟄伏」這個詞。「蟄伏」指的是生物冬眠，將自己藏起來，隱居在地底、洞穴，或樹洞中的行為。牠們在做什麼？答案是「等候」。

生物們在等待春天，當氣候變得合適就會紛紛出沒。但等待的過程並非是一動也不動，牠們都在默默儲備能量、積累自己的氣力。而所謂「機會是給準備好的人」，意思正是如此！準備，意味著不斷努力嘗試；所有的成功，都不會是一次到位，所有的嘗試，都是在為目標累積經驗。

長大是費時耗力的過程，也是所有人都必經的過程。陪伴自己長大，是你願意給自己耐性，去度過這必然經歷的成長痛，並努力不再壓抑自己，面對不合理的期待時，也不再假裝堅強。沒有人規定要永遠勇敢，至少在能做到勇敢之前，先學會貼近自己、理解自己的情緒與焦慮、正視自己的真實樣貌，並覺察人生的可能性。

停止透過滿足別人來確認自己的價值。不斷追求外在認可的你，只會變得更加小心翼翼，不敢跨出改變的第一步。

諮商的時候，我總是這樣對學生說：**我的陪伴只是一時，而你給自己的陪伴則是一世！**人生隨時都能重新開始，不論過去你焦慮了多久、迷惘了多久，也不論你的暫停鍵按下了多久，都只有你能決定自己的命運。看完這本書，即使仍然帶著些許困惑與不安也沒關係，請你接納自己一切的好與壞，在成長路途中敞開心胸，學習感恩與付出，記得自省也隨時保持彈性，並與人產生正向連結。

人生難免有出錯的時候，但換個角度想，那就好好錯一次，從哪裡跌倒就從哪裡爬起。**即使有墜落的可能，如果不好好飛一次，怎麼體會落地時的勇敢？**

飛翔，不是為了證明自己正確，而是為了找到勇氣！就算失敗後要面對排山倒海的挫折與焦慮，也是一趟值得的旅程。當你知道自己可以勇敢，就能夠挺身面對生命的苦難，給自己未來一生的正能量。

我是你的心理師，祝福你一切都好。相信自己，一定可以的！

特別篇

數位時代，要如何安放身心，減緩焦慮？

疫情過後，你是不是有發現自己對於數位產品的黏著度更高了呢？疫情正盛時，幾乎所有的活動都轉移到了網路上，我們少了許多與他人實體交流的機會。而生活恢復正常後，我們對於數位產品、社群媒體，甚至面對面與人溝通的焦慮，卻是有增無減……

我們變得更獨立，卻也更依賴

一位在大學授課的朋友曾經告訴我，他多次邀請學生在課堂上進行小組討論，但學生們卻選擇直接拿起手機，用社群軟體互加好友後，直接坐在教室裡，安靜無聲地進行「線上聊天」，也不願意面對面，直視著彼此交談。這是真實發生的事件，讓我覺得訝異極了。當然，這樣的討論模式並非不對，但我們不能忽略一個事實：人們在溝通時，倚賴的不只是純文字，還得大量使用與判讀當下的非語言訊息，例如表情、肢體等等，才能更準確理解彼此，達到有效的溝通，降低誤會的機率。而當我們選擇純文字的互動，就等於增加了溝通成本，降低人與人連結的機會。

為什麼會有這樣的現象？學生告訴我，當他們透過螢幕與他人交流時，能感覺自己更安全，也更放鬆。手機或螢幕，就好像一層安全網，即使打字的方式可能更為費時，但比起放下手機與人見面談話時，暴露在那種隨時會被看透的不安全感裡，他們更喜歡隔著一層屏障，作為自我保護。

不只如此，我們也開始觀察到，「口罩」成了人們的另一種可依賴的「心理防護罩」，日本學者稱此現象為「口罩依存症」。我曾遇過學生跟我說，出門之後，他無法不戴口罩。一般來說，我們以為脫下口罩能讓呼吸更自在，但對他來說，只要一將口罩摘下，就覺得有些彆扭、難以輕鬆做自己。

某種程度上我想我們是可以理解的。當我們戴著口罩，可以保持無防備的表情，毋須擔心口罩下的自己看起來如何、表情是否恰當，也能避開暴露在他人眼光之下的威脅感。不論是口罩也好，數位產品也罷，**當我們在不知不覺間，開始過度依賴某些東西，就很容易造成身心的不平衡，畢竟過與不及都不好。**

那麼，我們要怎麼知道自己是否過度依賴？你可以自我檢視，對於某些物品，**是不是只要沒有使用，或離開身邊很短暫的時間，心底就會產生焦慮不安？**

你也 FOMO 了嗎？

近年來，不少精神科醫師與身心研究專家，開始關注到一個心理現象

——FOMO，Fear of Missing Out，也就是「錯失恐懼」。由美國行銷策略專家丹・赫爾曼（Dan Herman）於一九九六年提出，指的是人們過度擔心自己可能錯過一些有趣或重要的事情，尤其是在社群媒體上看到朋友或其他人參加某些活動，或擁有某些體驗時所產生的情緒。這種情緒可能導致人們感到焦慮、不安，甚至做出不理智的決定，只為了不想錯過某些事情。簡而言之，受到FOMO困擾的人常常擔心自己會錯過更有興趣或重要的事，因此，會不斷地陷入「試圖參與或跟上他人」的反覆輪迴裡。

以下是FOMO現象常出現的行為反應，我們也可以檢視自己是否也有這些狀況：

- **持續瀏覽社群媒體**

  總是擔心錯過最新的貼文或活動，因此反覆瀏覽各大社群App，不停刷新動態。

- **過度使用手機或電腦**

因為不想錯過網路上的任何即時訊息，而耗費大量時間盯著手機或電腦，連通勤或洗澡時間都不放過。甚至擔心自己會被他人遺忘，於是花上許多時間參與網路討論或筆戰，忽略了現實生活中的重要事務。

不斷比較自己與他人

看著他人的動態，忍不住比較自己和別人的生活、成就和外表，並明顯感到焦慮及自卑。

FOMO的現象，是跨世代、年紀、文化與族群共有的狀況，不說別人，連我也深陷其中。就在我努力完成這篇文章的短短時間內，我至少滑開了臉書和LINE不下幾十次，明知道自己不久前才檢查過版面和朋友們的消息，卻又忍不住一再查看，深怕自己錯過了什麼重要的事物。但當我捫心自問，我也知道，自己並沒有真的錯過什麼。**這個現象，其實正反映出現代人那種害怕離開社群、擔心自己成為邊緣人、跟不上大家的共同焦**

慮，也展現不論是哪個世代，我們都渴望在群體裡與他人連結，感受到自我價值。我身為年過四十的中年人都飽受著FOMO的困擾，不難想像正處於追求自我價值與身分認同階段的你，落入FOMO的痛苦有多麼巨大。

如何降低FOMO焦慮

要避免自己過度依賴網路社群，或因陷入FOMO焦慮，而長期讓自己處在患得患失的恐懼中，**我們必須學會找回自己的生活主控權**。改變生活習慣確實不是容易的事，所以要刻意練習，去覺察自己在生活中的狀態。**用刻意營造的新習慣取代舊有慣性，是我們可以嘗試的**。

● 刻意安排數位排毒時間

每天找一段時間，限制自己不能瀏覽社群媒體。避免在無意識下，無止盡地滑著朋友的動態。對抗科技，要用科技的做法，市面上已經有許多App，可以幫助你管理手機使用時間。

有效率地使用數位產品

數位排毒，不代表要完全不使用數位產品（這也是極度困難的事情）。請記得，手機（或網路）是一種工具，工具本身沒有對錯，重點在於你如何使用。在需要集中精神的時候（例如念書、工作），可以將手機或電腦設定為勿擾模式，降低它對你的干擾。像我很喜歡使用「番茄鐘工作法」，設定每工作三十到五十分鐘，就使用手機十五分鐘，可以回訊息、滑臉書等，拿回對手機的掌控權，同時也不忽略該完成的任務。

轉換自己的關注

就像本書前面提到的，人的大腦充斥著各種認知偏誤，以致於當我們越在意哪些事，我們的想法和注意力，就會越偏向於尋找支持這些事物的訊息，而忽略或排除與之相反的。簡言之，當你越相信網路上的那些人活得光鮮亮麗，你就會不自覺去接收能強化這個信念的訊息。這時，你可以刻意練習轉換自己的關注，去想想你看到的那些開心的人，背後可能有什麼不為人知的辛苦？又或者，當你覺得自己的生活平淡又枯燥的時候，也可以想想，自己有什麼是別人所沒有的？

同時，我也會建議你開始省思，自己所關注的人、事、物（追蹤的對象），對你是否造成不良的影響？如果是，就關上螢幕或取消追蹤吧！刻意讓自己不去看那些會產生不良情緒的內容，也是一種自我保護及對自己的善意。

增加現實生活的活動，並專注當下

還記得那些你曾經很想完成的非數位活動嗎？像是禪繞畫、戳羊毛氈、烤餅乾，甚至是出門散步、騎車等。當你全神貫注地進行某些活動，並試著享受當下時，你會發現腦袋中「我想滑手機」的念頭會減少許多，焦慮感也會跟著舒緩。

近年來大為風行的「正念活動」也是這樣的概念，正念的目標是讓人可以完全專注於眼前正在做的事情。例如，如果你在騎車，就可以專注於腳踩著踏板，以及迎面而來的風掃過臉上的感覺，甚至可以仔細觀察周圍的店家與路人。而別忘了，進行這些活動時，也可以邀約三五好友一起，如此一來，你會感受到足夠的支持和關愛，得到真正的「連結」時刻。

設定想要現實的個人目標

我對《在焦慮星球上微笑》這本書的一段話印象深刻：「世界上有非常多書，即使能打破速讀的世界紀錄，我們能讀完的書也永遠只是現存書籍總量極微小的一個部分。」同樣地，我常常在想，世界上的貼文與限動也是每分每秒以不可思議的速度倍增，你不可能每一則都不錯過。你得記得自己的時間有限，生命有限，人不可能無所不能。所以適時關掉螢幕、拒絕訊息不代表什麼，反而表示你對生活有更多的掌握與彈性。當然，我們可能會錯過一些很酷或有趣的活動，但這不會是世界末日！再說，現在的AI技術越來越厲害，影像和聲音都有可能不是真實的，別人在網路上看起來很開心，你覺得，那真的就是如此嗎？

所以，一切都還是要回到你自己。問問自己究竟想要什麼，並且設定希望實現的個人目標，不論是長遠的未來目標，還是短期內想達成的都可以，例如，一個月要讀完幾本書、一週要運動幾次。然後，透過規畫和執行這些目標，來思考自己在人生中「真正」想要獲得的是什麼？這樣「有意識的暫停」可以幫助你找回足夠的現實感，避免用幻想中的「理想我」來苛責「現實我」，也不會把自己理想、渴望的樣貌，投射在你看到的網路帳號。請先專注於自己已經擁有的，或是那些你實際上可以努力的。當你把生活的優先順序排列好，會發現自己的FOMO焦慮降低許多。你會專注在真正需要關注的事情上，而不是那些令人眼花撩亂的瑣事。也推薦你閱讀《在焦慮星球上微笑》這本書，你會找到許多與科技共處的良方。

學會自我肯定

每個人都有值得欣賞的特質及獨一無二的價值，你並沒有你自己想像的那麼差。當你學會欣賞自己，就不會過度依賴他人的認可。找到除了社群媒體以外能幫助自己建立自信的方式，能讓你大大減少過度依賴。

要避免陷入過度FOMO焦慮，請記得：與他人建立關係，絕對有助於我們緩解問題，**但真正的解藥在於接納自己**。當我們有意願帶著更多的覺察，理解並面對內在的需求與情緒時，才能在人際關係中展現更為真實、平衡的一面，也能避免過度依賴他人的評價、社群媒體的關注而失去平衡，進而使自己能夠與他人建立更深層次、健康的連結。

在這個時代，我們面臨著許多挑戰，但透過審視自己的數位使用習慣，我們仍能建立平衡的使用模式，安放心中的焦慮。我們有無限選擇，要看、要關注的事物實在太多，但生命有限，你得開始有意識地去判斷並抉擇，**什麼對你來說，才是真正重要的事？**

後記

故事結束後：關上諮商大門

關上了諮商大門多年後，某日收件夾內躺了一封意外的信，是很多年前曾經陪伴過的一位學生，輾轉透過方法捎來了訊息。

說實話，收到信時，我感動又驚喜，嚇了好大一跳！

每一位談過的學生，對我而言都是獨一無二的存在，而我對這封信的主人，有極為深刻的印象。記得他是個來自外地、在生命裡迷了路的孩子。他靦腆內斂，又深感挫折，對未來有好多的不確定，對自己要求好高。

能在過了這麼久之後，驚喜地收到他的來信，信上單純地告訴我「他很好」，對我來說是一種深刻的鼓勵！

每當我和個案結束諮商歷程，我們在諮商室內從不說「再見」，因為專業倫理的限制，我不會去探問個案後來的生活，也不能主動和他們聯絡，但心裡總是有幾個人，會令我偶爾想著：「啊，這個人後來好嗎？」

工作多年，我努力珍惜每一次與每一個人的會面，也慢慢學會晤談的結束，就是美麗的道別。不留戀，不遲疑，不令自己過度擔憂或懷念。僅單純地在每一段關係中，全心全意陪伴個案走一遭；盡自己所能，幫助他們看見也許只是遺忘的風景。我總是時時提醒自己，心理師非神，沒有能力或權力改變任何人的生命，我也不應該認為自己有能力影響他人，這是褻瀆人性本身自由意志的神聖價值。但其實我忘了，這份工作依然神聖；它的神聖之處，便是有機會見證他人蛻變的歷程。

諮商是種合作關係，在這段關係中，個案基於對心理師、對諮商歷程的信賴，他們的生命得以在自由意志下改變、昇華。

學生在信中說：是我當初的陪伴鼓勵了他；然而，其實他也陪伴了我。每一次諮商中我們一起哭泣、一起微笑，都是珍貴的回憶。是個案們給我機會看見他們的努力與堅持、脆弱與勇敢，讓我能真實地陪他們走過成長的焦慮與迷惘。

我的工作是老天爺賜予的禮物，也是個案／學生／家長／老師給我的禮物。看似是我在陪伴他人，事實上是他們將進入他們生命的鑰匙遞給我，成了無比珍貴的禮物，更是一種Privilege（殊榮）。

倘若能在多年後知道個案們過得很好，真的很棒。如果無從得知他們的消息，我也能提醒自己，相信他們應該很好，也覺得他們一定很好，這樣就夠了！這是一種對生命價值的體悟，一種敬佩於生命韌性的感動。能在生命中與另一個人攜手走一小段路，真的無比美好。這是我專屬的幸福，不是因為我給予，而是我從中獲得更多！

願將此書，獻給每一位曾允許我進入他們生命、共度一段旅途的個案們。謝謝你們的陪伴，也謝謝你們教會了我珍惜生命的存在價值，感恩每種存在都有意義，令我體悟擺渡人雖是過客，卻也都是渡人也渡己的真實滋養。

即使關上了諮商室的大門，我們的故事依然會持續寫著。

你在煩惱什麼呢？

大學諮商心理師給你的陪伴之書，關於成長的疼痛與焦慮

作　　者　李家雯 Heidi Lee

責任編輯　黃莀肴 Bess Huang

責任行銷　朱韻淑 Vina Ju

封面裝幀　ZZdesign

版面構成　譚思敏 Emma Tan

校　　對　葉怡慧 Carol Yeh

發 行 人　林隆奮 Frank Lin

社　　長　蘇國林 Green Su

總 編 輯　葉怡慧 Carol Yeh

主　　編　鄭世佳 Josephine Cheng

行銷經理　朱韻淑 Vina Ju

業務處長　吳宗庭 Tim Wu

業務專員　鍾依娟 Irina Chung

業務秘書　陳曉琪 Angel Chen

　　　　　莊皓雯 Gia Chuang

發行公司　悅知文化　精誠資訊股份有限公司

地　　址　105台北市松山區復興北路99號12樓

專　　線　(02) 2719-8811

傳　　真　(02) 2719-7980

網　　址　http://www.delightpress.com.tw

客服信箱　cs@delightpress.com.tw

ＩＳＢＮ　978-626-7406-73-1

建議售價　新台幣３９０元

二版一刷　２０２４年06月

國家圖書館出版品預行編目資料

你在煩惱什麼呢？：大學諮商心理師給你的陪伴之書，關於成長的疼痛與焦慮／李家雯(海蒂)作. -- 二版. -- 臺北市：悅知文化 精誠資訊股份有限公司,2024.06

面；公分

ISBN 978-626-7406-73-1 (平裝)

1.CST: 自我實現 2.CST: 成功法

177.2　　113006332

建議分類｜心理勵志